紀州怪談

田辺青蛙

竹書房
怪談
文庫

はじめに

和歌山の橋本市《はしもと》に親戚の寺院があったので、そこによく遊びに行っていた。

私は幼い時は大阪の天下茶屋に住んでいたので、南海電車に乗って車窓の景色を眺めながら季節の移ろいを感じつつ和歌山に通っていた。

小さい頃、薄暗い寺院での体験や聞いた話が、未だに私の心を強く捉えて離さない。


いつかそんな和歌山での思い出話を元にした幻想小説を書こうかなと思っていた矢先のことだった。

『大阪怪談』シリーズでも大変お世話になった北川央《きたがわひろし》先生が、大阪城天守閣の館長職を退任されて和歌山、九度山《くどやま》・真田ミュージアムの名誉館長に赴任されていたことを、MBSラジオ『茶屋町怪談・アカデミックナイト』の収録時にお会いした時に知った。

その縁で、北川先生のお誘いで、事故物件住みます芸人の松原タニシさんと共に和歌山に行こうということになった。

そして北川先生達のご厚意で、和歌山内の様々なスポットを案内していただいただけでなく、九度山町役場・産業振興課・商工観光係の方から地元に纏《まつ》わる不思議な話の資料をいただき、お話を伺うことができた。

そんな時に絶妙なタイミングで、竹書房から『紀州怪談』の執筆依頼がきた。

それだけでなく過去にゲストとして参加していた『和歌山文芸フェスティバル』で知り合った戸部信夫《とべのぶお》さんの紹介で、和歌山市田辺民話の会の皆さまとも繋がることができた。

こういった経緯からか、いわゆる怖い話だけでなく民話的な不思議な話もこの本には多く含まれている。

海と山に囲まれた和歌山の魅力を、この本を通じて少しでも感じていただけたら嬉しい。

紀州怪談

目次

大阪府
友ヶ島
橋本市
かつらぎ町
紀の川
岩出市
紀の川市
九度山町
和歌山市
高野町
高野山
太田城跡
海南市
紀美野町
有田市
有田川町
奈良県
湯浅町
護摩壇山
由良町
広川町
日高川町
龍神村
北山村
日高町
御坊市
美浜町
印南町
みなべ町
熊野本宮大社
三重県
田辺市
熊野川
日高川
新宮市
熊野速玉大社
上富田町
熊野那智大社
千畳敷
白浜町
古座川町
那智勝浦町
太地町
すさみ町
串本町
潮岬
紀伊大島

和歌山県は、日本最大の半島である紀伊半島の南西部に位置し、県土の八割以上が紀伊山地を中心とした山岳地帯が占めていて、温暖で雨が多いため樹木がよく育つ。

なので木々に囲まれた土地が多く、和歌山県の古い国名である「紀の国」は「木の国」から転じたものだそうだ。

三重県、奈良県、和歌山県に跨った紀伊半島の山々は、神話の時代から神々が鎮まる特別な地域とされ、紀伊山地には「参詣道」が生まれ、そこを行き交ったのは生きている人だけでは無かった。そもそも熊野の語源は「神」や「冥界」を意味する「くまで」だという説がある。

海も山も何故かどこか死を感じさせる場所があり、その先に繋がるのは浄土なのか、それとももっと別のどこかなのだろうか……。

人魚の思い出――（九度山町）

和歌山の橋本市の寺院に住んでいた大叔父は、どこか蛇を思わせる姿をしていた。色が抜けるように白く、目の色素が薄く、光が入ると黄色味を帯びて透き通って見えた。首が長く、飲み物や食べ物を嚥下《えんげ》すると喉が揺れた。唇がよく渇くと言い赤い舌でぺろっと口の縁《ふち》を舐める様子も、私には蛇を連想させた。泳ぎが得意で、よく海に連れていってくれて、素潜《すもぐ》りで息継ぎなしで海の中を進む大叔父の姿はやがて蛇体に変わり、どこかへ消えてしまうのではないかと妄想したことは一度や二度ではない。

夜になると阿弥陀如来《あみだにょらい》の鎮座する古いお堂で、大叔父は不思議な話を聞かせてくれた。それが、私の一番古い和歌山での記憶だ。

線香の匂いが立ち込める薄暗い闇の中、太い和蝋燭《わろうそく》の炎で壁に映った影が揺れていた。そんな中で聞いたせいだろうか、もう何十年も前だというのにその時の話の内容を今も詳細まで思い出せるのは……。

夏休み、いつものように寺に遊びに来ていた私に大叔父が、車に乗るように言った。私は海に行くならこの前買った浮き輪を持ってくるとサンダルを履きながら言うと、今日行くのは山の方だから必要ないと告げられた。

山は海ほど当時の私にとって好きな場所ではなかったが、大叔父は虫に詳しく指先に大きなトンボを三匹とめて帰って来たことがあった。

ある時は雨の日に片手には傘を持ち、もう片方の手の指先に色鮮やかな蝶をとまらせて戻って来たこともあり、どうやったのと聞いたら自然に指を伸ばしているととまるので、自分でもよく分からないというようなことを言っていた。

そんな当時、私にとって魔法使いのような存在だった大叔父は、車に私が乗るなりこんなことを言った。

「今日はね、人魚を見に行くよ」

人魚、わくわくする響きだった。当時『ぴょんぴょん』という漫画雑誌で連載していた「真珠色マーメイド」という人魚が主人公の漫画が好きだったこともあり、その人魚に出会えるという期待で、私は胸がたちまち一杯になってしまった。

人魚、どんな姿をしているだろう。尾や鱗《うろこ》の色は何色だろう。綺麗な虹色だったらいいな。人間の言葉は分かるのかな、お友達になれるかな。それとも無理やり連れて来られたかわいそうな子で、怯えているかも知れない。

幼い私があれやこれやと空想を巡らすうちに、車はどんどん急な坂を上り山の奥に入っていき、木々の匂いが濃く感じられるようになった。

「ついたよ」

大叔父に言われて車からぴょんと飛び降りると、そこには古い木で出来たお堂があった。無人なのか、誰かがいる気配は感じられない。

大叔父は古いお堂の木戸を開けて、中に先に入っていった。

「勝手に入っていいの?」

「いいんだよ。ここに人魚がいるから早く上がっておいで」

こんな寂しい、海からも遠い場所にいる人魚はどんな子だろう。中にプールがあって、そこで泳いでいるのだろうか。それともとても小さく、水槽の中に金魚のようにいるのだろうか。

そんなことを考えながら、大慌てで履物を脱いで上がり中に入ると、とても暗く目が慣れるまで殆ど何も見えなかった。

「そこの木箱の中に人魚がいるから見ておいで」

大叔父の闇の中で浮かぶように見える白い顔が不気味で、でも人魚を見たさに木箱の中を覗き込んだ。

何故木の箱の中で人魚は平気なんだろう……？

箱の中を見ると、絶叫しているような表情の茶色く乾いた死体があった。

ただ、その死体の下半身は魚だった。

確かにこれは人魚なのだろうけれど、私が頭の中で思い描いていた姿とは全く違っていた。

その後のことはよく覚えていない。きっと相当ショックだったのだろう。

気が付けば私は大叔父の車の後部座席に座って、窓の外を眺めていた。

「人魚おったねえ」

大叔父が声をかけてきた。私はその言葉に何も返さなかった。

そして、寺に戻ると大叔父がこんな話を語ってくれた。

「あの人魚はね、琵琶湖《びわこ》で捕獲された人魚のうちの一匹なんだよ。人魚はね、食べると不老不死になるという伝説があるから、昔、鱗を剥《は》がして食べようとした人がいたらしい」

私は大叔父に、実際に不老不死になったかどうかと聞いた。

「その人は結局、あの木乃伊から鱗を剥《そ》ぐことをしなかったと聞いているよ。でもね、人魚を食べてしまって、実際に不老不死になってしまった女性の話はあってね、和歌山の海草郡にある十三神社近くを流れている貴志川《きしがわ》近くに、高橋という人が住んでいた。

その人がね、ある日旅の僧が足を怪我して蹲《うずくま》っていたので、傷によく効く軟膏をたまたま持っていたから手当てをした。

すると、僧はこれはとある高貴な人に渡すために持ち運んでいたのだけれど、それが良いことなのかどうか迷っていた、というようなことを言って、竹皮に包んだ何かを手渡してから、名乗りもせず去って行った。

奇妙な僧だなと思いながら、男は竹皮の包みを懐に入れて、漁を生業としていたので川の側まで下りて行った。

そして漁に使う網にほつれが見つかったので、その場で繕っていると懐からポトリと僧侶から貰った竹皮の包みが落ち、結び目が解けて中身が見えた。

それは白い餅のような身に薄桃色の皮がついた魚の肉だった。何の種類の魚かは分からないが、鱗がついていたので魚の肉には違いなかった。

僧が何故このようなものを携えていたのだろうかという不気味さもあって、男は包みを岩の上に置いたまま、口にすることなく漁に出て、魚籠《びく》を半分満たすほどの量の魚を得て家に帰った。

男が立ち去った後に、川の水で渇きを癒すために、水を汲もうと女がやって来た。

女は、岩の上に置かれた竹皮の包みに気が付いた。そこには薄く切られた白い身に、鱗の残る桃色の皮が付いた魚肉があった。

女は竹皮の包みを手に取ると家に持ち帰り、一人でその身を食べた。

以来、その女は少しも年をとらず、数百年の間、あちこちをさすらった末に、若狭へ移り住んで尼になった。以来、男が人魚の肉の入った竹皮の包みを置いて、女が拾った場所の淵を尼が淵と呼ぶようになった」

遠い昔のことなので記憶違いもあるだろうけれど、大まかにこんな話を聞き、夜布団に入ってから目を瞑《つむ》ると昼間見た、人魚の木乃伊《ミイラ》の姿が浮かんできた。

悲鳴をあげているような姿で固まっているのは、人に捕まった時に感じた恐怖からだろうかと思いながら、その夜は眠った。

それから何十年もの月日が経った。あの日、人魚の木乃伊を見た時から、私の心は妖怪の木乃伊に囚われてしまった。

大人になって、ある程度の資金と行動範囲が自由になったこともあり、あちこちに人魚の木乃伊を一人で見に行った。

初めて見た人魚の木乃伊と対となると聞く、琵琶湖で捕らえられ滋賀県のとある寺院にある人魚の木乃伊は、見に行ってからしばらくして火災で焼けてしまった。

大叔父は「和歌山は妖怪の木乃伊が多いんだよ。鴉天狗《からすてんぐ》の木乃伊もあれば、人魚もあるし、雷獣の木乃伊だってある」という話をしてくれたことがあった。

妖怪の木乃伊をいつか手にしたい。そう思い続け、今この原稿を書いている。

あの日、大叔父に連れて行かれた和歌山のお堂で見た人魚が全ての発端だったのに疑いの余地はない。

妖怪の瓶詰――（田辺市）

「妖怪の瓶詰があるから見にいこうよ」そう私に声をかけてくれたのは誰だったか……。

白浜町《しらはまちょう》にある南方熊楠《みなかたくまぐす》記念館に、ホルマリンに漬けられて瓶詰めにされた妖怪が展示されている。その妖怪の名は「ウガ」と言い、昭和四年（一九二九）六月一日に昭和天皇に熊楠がキャラメル箱に入った粘菌と共にウガを見せた記録が残っている。

熊楠はこのウガの標本をとても大切にしていて、地震があるとまずこの瓶が倒れていないかと心配になって確認したそうで、南方熊楠「ウガという魚のこと【追記】」『南方熊楠全集2』（平凡社　一九七五年刊行）にはこのように記載されている。

一昨年〔大正十三年〕六月二十七日夜、田辺町大字江川の漁婦浜本とも、この物を持ち来たり、一夜桶に潮水を入れて蓄い、翌日アルコールに漬して保存し、去年四月九日、朝比奈春彦博士、緒方正資氏来訪された時一覧に供せり。これ近海にしばしば見る黄色黒斑の海蛇の尾に、帯紫肉紅色で介殻なきエボシ貝（バーナックルの茎あるもの）八、九個寄生し、鰓、鬚を舞してその体を屈伸廻旋すること速ければ、略見には画にかける宝珠が線毛状の光明を放ちながら廻転するごとし。この介甲虫群にアマモの葉一枚長く紛れ著き脱すべからず。尾三つに分かれというは、こんな物が時として三つも掛かりおるをいうならん。

この「ウガ」という妖怪、海の中では紫色の光を発し、尾の先に玉がついている。その玉を船に付けると大漁になるそうだ。

田辺市の海では時折「ウガ」が現れ、熊楠の標本に倣《なら》ってか、捕らえようとする者が度々いたらしい。一人か二人は成功したらしいが、いつの間にか瓶から抜け出てしまい、中にはするすると天に昇って行く姿を見たという。

先日、記念館に「ウガ」の瓶詰を見に行ってみたところ、ホルマリンのせいか色が白く抜けていた。体は細長く、先にぴらぴらとした尾のような物が幾つか花びらのようについていた。

紫色の光を発し、竜が珠を抱く姿で泳ぐとも言われている「ウガ」。

熊楠はどんな気持ちで眺めていたのだろうか。

後日、田辺市在住の方から「ウガ」に纏わる話を一つ聞くことが出来た。

その方は「ウガ」は人頭蛇身で蟠局《とぐろ》を巻く姿の神、宇賀神のことではないかと思っているそうだ。

その理由はというと、海で一人泳いでいた時に、沖合に笑っている顔の人がいて手招きされたので、誰か知り合いかと思いそこまで泳いで行った。すると、その笑っている顔の人の首から下は長い紐のような体で、ばちゃばちゃと白い飛沫を上げながら凄い速さで遠くまで泳いであっという間に見えなくなってしまった。

凄い物を見てしまった怖さで体が強張ってしまったが、必死の思いで岸を目指して泳ぎ、海岸についた時にその人は力尽きてしまった。

慌てて泳いだせいか海水を沢山飲んでしまい、喉が渇いて声が出なかった。

その後、家に戻ってから酷い熱を出し、何度か吐いてしまったそうだ。

夜更け過ぎに目を覚ますと、天井に海で見た体が細い紐のような笑顔の人の顔がとぐろを巻いて張り付いていたので、悲鳴をあげてしまい、家中の人が起きて集まって来た。

そこで擦れた声で天井を指さして、異形の存在がいることを伝えた。

集まった家族全員が天井の方に顔を向けると同時に異形の姿は、天井から網戸の隙間を伝ってするすると外に出て行ってしまった。

その姿を家族全員が目にしていたが、漁師の手伝いをしていた兄があれは天皇陛下も見たという「ウガ」の姿ではないだろうかと言いだし、学校で似た者の姿が無いか翌日調べてくると言った。

そして兄が学校の図書館の本の中で見つけた、夜天井で見た異形の姿に似た者というのが「宇賀神」の像だった。なので、その人は「ウガ」は宇賀神のことだと思っているそうだ。

私は記念館の「ウガ」は見たことはありますか？　と聞いてみたところ、恐ろしくて見に行く気になれません。あの海上で見た笑顔が今も瞼《まぶた》の裏にハッキリと焼き付いているので……とその人は答えた。

旅商人の肉――(印南町)

印南町《いんなんちょう》に住んでいたという田木さんから聞いた話。

「物凄い昔の話だけどね、南部《みなべ》の御坊の方から、おいこっていう木でこさえた箱に、魚や海苔や塩や砂糖や、胡麻・七味とか色んな物を入れてね、背負って行商人が売りに来たの。道が悪い所が和歌山は多いだろ。それに、災害が多いから、天気が悪くなったりすると店に何も並ばなくなっちゃうんだよ。だから、そんな時にひょいひょいと歩いて来てくれる御坊の行商人は凄く助かった。

よく来るのはイリコやじゃこを沢山背負って来るおばさんと、薬も箱に入れて売りに来たお爺さん。どちらも物凄く重いのに汗一つ垂らさず運んで来てた。たまに肉や玩具を売りに来る人もいてね、あれは秋の終わりくらいのことで、大きな台風が来た後で辺りが滅茶苦茶になった後に、行商人が来た。味噌と塩と肉を持って来たって言ってて、笹に包んだ肉を広げて見せてくれてね、何の肉だって聞いても獣としか答えてくれなくってさ。

でも、食べる物も少なくなってたし、高い値段だったんだけど家の者がその行商人から肉を買ってしまってね、家中になんかもったりとした甘いにおいが漂ってきたの。死肉が放つ甘いにおいを何倍にも濃くしたのに、梅の香を混ぜたような、本当に噎《む》せるようなにおいでね、こんな肉食えるのかって思ったけど煮たらえらい美味かったね。肉から出た汁も惜しいってほど、夢中で食ったよ。

食い終わったら、家族全員が体が変に熱くなって肉の毒に当たったんじゃないかって言ってさ、実際、胸の辺りがやたらちくちく痛みだしちゃって。

したらさあ、乳が出たんだよ。赤い血みたいなねばりけのある乳が、俺も兄弟も親もみんな。性別、年齢関係なし。そんなたくさんの量じゃなかったけど、気味が悪くって。

木綿布に押し当てて二、三度拭《ぬぐ》ったら、止まったけどね。

たまにむしょうに食いたくなってね、今まで色々な種類の肉を食べてきたし、あの味に近いもんは無いかと探したけど、巡り合えたことはないね。

行商人が来るたびに、肉を持って来た人のことを聞いたけれど、どこの誰で何の肉かは結局わかんなかった。あれは一体、何の肉を食だったんだろう。

食ったら赤い血みたいな乳が出る肉のことをさ、医者に聞いたこともあるんだけど、そんな物がある筈《はず》ないって言われちゃったんだよね」

七に纏わる話――（和歌山各地）

和歌山には日高川町《ひだかがわちょう》の七人淵や七人塚など、七のつく場所が幾つもある。
和歌山市在住の中岡さんと佐々木さんから聞いた話。

「七は不吉な数字だと子供の頃から聞かされていました。だから、山に登る時や海に行く時も絶対に七人だけは避けるようにと、グループ旅行の計画なんかを立てると誰かが必ず言うんです。

昔、そんなん迷信やからと言って七人で山に行った学生のグループがあって、全員その年の内に亡くなってしまったとか。出かける場合、七日に旅立ちして、八日に帰ると災いがあるそうです。なんでも、葬式の後の八日戻りにちなんでいるらしいですね。

でも、七日に旅立たないといけない時や、七人でどうしても仕事をしないといけないとか、七人で出るなんて時は、人形をこさえて八人ということにしたり、時計の針を一回ぐるっと回して一日余計に経ったということにして難を避ける呪《まじな》いにしました。

母親が四人家族のもんと三人家族のもんで、旅の計画を立てていた時に、七人だからということに気が付いて、蜜柑に口紅で顔を描いて鞄にしのばせて人形の代わりにしたって話もありました。そうしないとね、やはり死人が出ただろうと……七避けは大切なことですから」

「わたしの兄から聞いた話ですが、本宮町の辺りに行った時に、冬だっていうのに祭囃子が聞こえてきて、なんだろうと林の中を覗き込んだら、七人の男が石の周りでひょっとこの面に手ぬぐいをぐるっと巻いた頭に、浴衣姿で、寒いのに踊っていたんです。

その様子を見ていたら、七人のうちの一人がちょいちょいと手招きして、踊りの輪に入れと言ったのですが、兄は怖くなったので、断って逃げたんですよ。そして、家でこんなもんを見たって行ってね、その翌日から七日、寝込みました。

そういうことがあったからか、兄は若くして亡くなりました。普通にしててね、ある日突然道を歩いていたらバーンと卒倒して、そのまま意識が戻らず亡くなったんです。側にいた兄の仕事仲間がね、祭囃子《まつりばやし》が聞こえたって言ってて、それだけやなくって、その時いたのが兄を入れてちょうど七名で、食事に行く途中だったんです」

田辺市の平治川にも七人淵、七人塚と呼ばれている場所がある。

そこの場所は絶対に、何があっても掘ってはいけないとされているそうだ。

その地で杣人《そまびと》が七人で弁当を使っていたところ、兵頭という男が、六人の前で「お前らの肉を食いたくてしょない。食いたくてしょない」と急に言い出したので、一人が近くにあった石に人の顔を描いた。

そしたら急に兵部は意識を失い、六人が交代で家まで運んだ。

それ以来、各々がヒトガタを携えて七人になりそうになったら、目鼻を描いて人ということにしようという決まり事ができたそうだ。

ゴランボ――(田辺市)

平治川にはゴランボ淵もしくは、ゴウラ淵と呼ばれる場所がある。
この辺りでは河童のことをそう呼び、滝の付近に棲んでいるということだった。
子供は川に行く時は、大人に頼んで煙草の煙を吹きかけて貰ってから水に入った。
ゴランボやゴウラは煙草の煙を嫌うからだ。

川で死んだ子はゴウラになると言い、和歌山市の大井寺《おおいでら》にある石を拾ってきて、経の文字を書いて投げ入れてやらないと、同じ年頃の子の足を引いて溺れさせようとする。
また、経を書いた石を投げると、川伏せの祈祷ということになり、ゴウラは子を逆に守ってくれるようになるとも言われている。

赤耳――(那智勝浦町)

那智勝浦町湯川の猟犬の耳が赤いのは、猟師が言うにはかつて村人の肉を山で食い散らかしていた山姥を嚙み殺し、その血を自ら耳に塗った子孫の犬だからだそうだ。だから赤い耳の猟犬の子は勇敢な犬の子孫として猟師の間で尊ばれるという。

赤い腕――（和歌山各地）

和歌山はとても災害の多い地域で、台風銀座と呼ばれるほど台風が夏になるとよく通るし、山崩れや地震、津波の災害記録も含めると、生きているうちに必ず一度は災害に遭うという教えとして、四十年以内に必ず何らかの大災害に遭うという。

明治二十二年の紀州大水害で流れた時の話だ。

どこもかしこも茶色の濁流で、家も家畜も何もかもが揉まれるように流されてしまった。その時に赤い腕がするすると曇天から伸びて、子供を掴んでどこかに引っ張っていくのを見た人がいた。

子供がどうなったかは分からず、あの赤い腕が何だったかも分からない。

後の明治二十六年の大水害の時も、同じように赤い腕が伸びて来るのを見て、屋根の上で堪《こら》えていた人が瓦で手を叩いた。すると、カチンと乾いた金属を叩き合せたような音がしてパラパラと米粒が降ってきた。

明治二十九年の大風による大水害時も、赤い腕が天から伸びて来たのを見た人がおり、その時は誰かを攫《さら》ったりはせず、木の枝を拾ったり手で水をばっちゃばちゃと遊ぶようにかき混ぜていた。

見た人に何かあるというわけでもなく、それだけだが、とても不気味で手は鶏《にわとり》のトサカのような赤い色だったそうだ。

牛鬼――（すさみ町他）

和歌山には、牛鬼《ぎゅうき》に纏わる伝説が多く残っている。

牛鬼とは、頭が牛で体は鬼のような妖怪で、西牟婁郡にある牛鬼淵は、水が濁るのは牛鬼が出て来る前触れだそうだ。

また、牛鬼淵に棲む牛鬼の姿を見ると、病んだり、正気を失ってしまうという。

昭和二十年に一人の青年が、牛鬼の姿を見てしまい、それ以来何を聞いても、話かけても「牛鬼がおる、牛鬼がおる」としか言わなくなってしまった。

もし牛鬼と遭遇した時は「石は流れる、川は動かず、男が孕《はら》み、女が孕ませ、獣が飛び、鳥が這う」などと逆の言葉を言うと助かると言われている。

昔、すさみ町の琴の滝にも牛鬼が棲んでいた。

旅人が滝で水を汲もうとしたところ牛鬼と遭遇してしまい、運悪く影を食われてしまった。影を食われた旅人は、体中が黒くなり、地面に染み入るように溶けて死んでしまった。それ以来、琴の滝の水を飲む者がいなくなってしまったという。

田辺市にある牛鬼滝の近くで、草を刈っていた村人が影を食われて死んでしまった。だがその後、この牛鬼は ある人が滝壺に落とした鎌に当たって出来た傷が元で死んだそうだ。その時には七日間流れ続けた牛鬼の血で、谷全体が赤く染まった。牛鬼の血が触れた場所は草も木も生えず、虫も寄り付かなかった。血に含まれた毒のせいだろうと噂され、谷が元のように戻るのには七年掛かってしまった。

三尾川《みおがわ》の牛鬼淵の牛鬼は、美少年に化ける妖力を持っていた。淵にやって来た青年がいたので、牛鬼は少年に化けて姿を現したのだが何故か相手の目を見た時に懸想してしまった。その後、懸想した相手の青年が野分による大水で流されて溺れた時に、牛鬼は長い蜘蛛のような足を伸ばして救った。

しかし、牛鬼は人を助ければ死ぬという掟があったので、青年を救った途端に真っ赤な椿の花を潰したような血を流しながら、川の中で体が溶けて消滅してしまったそうだ。

牛鬼に纏わる話は西日本のあちこちにあるが、和歌山に伝わっているものは他に類を見ない変わった内容のものが多い。

牛の首——（和歌山各地）

牛鬼や、南方熊楠も記している、人面牛身の姿で牛から生まれ人間の言葉で予言を告げるという妖怪「件《くだん》」（田辺市にも出現したという）について調べていた時に偶然出会った、郷土史家の樋口巖《ひぐちいわお》さんからこんな話を聞いた。

「和歌山の牛に纏わる伝説は『殺牛祭祀』に関係するんじゃないかと思っているんです。

理由は、雨ごいの為に石の上で牛の首を切ったり、牛を生きたまま淵に沈めて溺死させたりという『殺牛祭祀』が行われていたという場所に牛鬼伝説があるからですね。

例えば白浜町の牛屋谷《うしやだに》にも牛鬼が出たって伝承が残っていますけど、あそこも大正だか昭和の初期頃まで牛の首を滝壺の上に置いたり、滝壺に首を投げ込む雨ごいをしていたらしんですよ。

雨ごいの方法を昔、陰陽師《おんみょうじ》が教えたって説がありまして、この陰陽師っていうのは安《あ》倍晴明《べのせいめい》でしょうかね。熊野の辺りは村上天皇や花山天皇と一緒に晴明が来ていたので、伝承が多いですが、もしかしたら牛屋谷にも来ていたのではないかなと思っています。まあ、人によっては徐福《じょふく》伝説が和歌山にはあるせいか、徐福が伝えたなんて説を唱えることもありますけどね。

殺牛祭祀について調べたところ、雨ごいの為に殺した牛の首から滴る血は、一滴も残さず桶にとって、雨が降らない離れた土地まで水を混ぜて固まらないようにしながら運んだそうです。

血や肉の穢《けが》れを洗い流したいと、天の神さまが願って雨を降らすからだそうで、昔は野犬や狼がいて、血の臭いに惹かれて寄って来るから大変な作業だったそうです。

運んだら、その血を地面に撒いてね、白の裃《かみしも》にぞうりをはいた死装束で雨ごいの呪文を唱えながら、踊り狂ったそうです。

時には桶の中に入った血を互いに塗りたくってね、肉を食うたりもしたそうです。

それだけの穢れがあれば雨を降らせるだろうと、そういうことでしょうね」

「樋口さん。その雨ごいで食べる肉は牛ですか?」

「牛ではないでしょう。神様に捧げたものを人が食べるのは横取りになりますから。この話をしてくれた人は、馬ではないかと言っていました。石の上に笹を敷いてその上に馬肉を乗せとったらしいとか……。ただ馬肉食の文化のある土地ではないので、口にするのは雨ごいの特別な儀式の時だけだったと思います。

そしてねえ、牛の首を落とす雨ごいの儀式をやっていた牛屋谷ですが、滅多に今は人が寄るような場所じゃないんですが、あそこに予言をする牛の首が出るって話があるんです。滝近くの岩の上に牛の首が浮いていて、血の泡を吹きながら必ず不吉なことを言い消えるそうで、しかもその予言は絶対に外れないみたいです。

牛の首は長い舌をべえっと垂らしながら、見た者に昭和二十一年(一九四六)の昭和南海地震や、昭和十九年(一九四四)の昭和東南海地震。他に、昭和五十九年(一九八四)の安政南海地震と安政東海地震, そして宝永四年(一七〇七)の宝永地震、紀伊半島大水害や室戸台風、ジェーン台風なんかを過去に予言として伝えたそうです。

他にも牛屋谷に寄って帰った若者が家についたら、牛の首を抱いた女が便所に立っていて、その抱いている首がモォーと一声鳴いた後に災害の日時だけを告げて消えたという話もあったとか。

おまけにこれだけでなく『殺牛祭祀』のことを話してくれた人も、何度か予言する牛の首を見たって言ってました。それも車の助手席にいつのまにかあって、蝿の集《たか》った腐りかけた首で一言二言、言って消えたそうです。

何を聞いたのか、尋ねたことがあったけれど、荒唐無稽な内容過ぎて誰に喋っても笑われるか嘘だと言われるからと、教えてくれませんでしたね。もっと親しい人に聞いたら疫病の流行と戦争と大地震に、火山噴火とか言ってたらしいですけど、まあそれが『いつ』なのか指定しなければ、確かに笑い話か妄想と言われてしまうでしょう。

それにしても、なんで牛の首は不吉な予言しかしないんでしょうな。もしかしたら殺した人間を恨んでいて不安に思わせたいからでしょうか、それとも警戒せいよという忠告で親切心なんでしょうか」

私は樋口さんの質問に「分からない」と答えた。

後日、牛屋谷までの行き方の地図を書いて貰ったので行こうとしたのだけれど、予想を超える難所で倒木も多くあったので断念してしまった。

ちなみに、白浜には牛鬼が木を倒して人の行き来を妨害するという伝承も残っている。

オメキ――(田辺市)

若い人が突然亡くなった時に、便所や屋根の上でオメク（叫ぶ）風習が一九六〇年代頃まであったそうだ。

静川の平では、本来の寿命よりも若く死した人ならば、オメクと呼び戻せるという婆さんがいた。

その婆さんは、オメイて欲しいという家に呼ばれると、屋根の板か瓦を家族に取ってくるように頼み、その瓦か板やらを持って便所に籠って、亡くなった人の名前と共に「おうーおうー」とオメイて呼び戻した。それで何人か婆さんがオメイたことで、本当に戻って来た人がいたそうだ。

その人が言うには、真っ暗な生暖かい場所にシッコと名乗る女がやって来て、産みなおしてやるから戻れと言われ、髪の毛を引っ張って狭い所にぎゅうぎゅう押し込まれて、気が付いたら床の布団の上にいたということだった。

シッコというのは厠神《かわやがみ》の紫姑《しこ》のことだろうか。排便の様子がお産の様子に類似しているからお産を司る神としても信仰されている。

オメキの婆さんが亡くなった時に、オメイて貰ったことで、呼び戻って来れた人がみな力の限り名を呼び叫んだそうだが、婆さんは戻ることはなかった。

定められた寿命で亡くなったということなのだろう。

紙漉きの姉妹――（新宮市）

新宮市に、仲がよく美しい姉妹が二人して住んでいた。二人は紙を漉《す》く仕事をしていて、どこかに縁づく気はなく、お互いが頼りにしあって過ごしていた。

だが、長雨による山津波で二人の住んでいた家が流され、妹は泥に埋まってしまった。

姉は半狂乱になり、手で泥を掻きだし重たい木々を除け、再び山崩れが起こるかも知れないのにずっと妹を探し続け、その日の晩に見つけ出したが、既に冷たくなっていた。

姉は妹の亡骸《なきがら》を平らな場所に運ぶと、力の限り名をオメキはじめた。

周りの村人は姉の気が触れたのではないかと思ったそうだが、あれだけ仲の良かった姉妹だからということで、何も言わなかった。

姉が一昼夜ずっと名をオメキ続けていると妹の体が震えだし、口から泥を吐いて、姉に「ありがとう」と一言だけ伝えて動かなくなった。

それから姉は、血を吐き声が出なくなっても、寝ることも食べることもせずに、妹の亡骸を腕に名をオメキ続けていたが、再び妹が戻って来ることはなかった。

姉は妹の遺体を水葬し、それ以来全く口を利くことはなかった。

そして一人で紙を漉き続け、数年後に亡くなった。

その時、姉の漉いた紙が全て血のような錆《さび》色に変わった。紙は貴重な物だったが、そんな色になっては売れないし、漉きなおししても色が抜けなかったので困っていたところ、色付きでもいいから欲しいという者が現れたので全て安く売った。

神話時代から続く、神倉《かみくら》神社の社僧である神倉聖《かんのくらひじり》たちがその紙を使って呪《まじな》いをしたという噂もあるらしいが、その辺りはよく分からず、しばらくあの錆色の紙に名前を書かれて家に貼られると病むぞという噂などが広がったそうだ。


この話をしてくれた、高野山でかつてボランティアガイドもされていたという津田英雄《つだひでお》さんは、姉の漉いたという錆色の紙の切れ端を母が持っていて、かつて見たことがあると言っていた。

錆色の紙は、小さな木の箱に入った、折りたたまれた千代紙より二回りほど小さく、触れると怖いことが起こるからと言われ、見せてくれたが触らせてはくれなかったそうだ。

津田さんの母が、どういった経緯で何故その錆色の紙を持っていたかは分からず、母が亡くなった後に遺品整理を行った時に、その紙の入った木の箱は出てこなかったそうだ。

魂の入れ替わり――(田辺市)

権荷役山《ごんにゃくやま》から野竹集落に行く途中、矢七郎《やしちろう》という老人が突然倒れて死んでしまった。周りの人がもしかしたらオメけば呼び返せるかもと思い、家族を呼んで力の限り矢七郎の名をオメイた。

喉が枯れ、声ももう出ないというほどまで、名をオメキ続けたおかげか翌朝、矢七郎は息を吹き返した。

だが様子がおかしく、目つきも変だったので死体に狐が憑いたのではないかと噂された。

家族が根気よく接するうちに、最初おかしな様子だった矢七郎も落ち着いてきたので話すと、どうやら同じ時期に死んだ同じ名前でおない年の木地師(木を伐採し、木地のままの手引き轆轤《ロクロ》を使って、盆や椀、コケシなどを作る職人のこと)の魂と入れ替わったことが分かった。それから矢七郎は、木地師として仕事を続け六年後に亡くなった。

矢七郎は、戻って来られなかったもう一人の矢七郎のための墓を山に建て、時々参っていたらしく、今もその墓はあって子孫の人が管理されている。

ぶつぶつ川――（那智勝浦町）

日本一短い川が、那智勝浦町粉白《このしろ》を流れる粉白川の支川にあり、その名も「ぶつぶつ川」という。

湧き水が川の石の間から、気泡を伴ってふつふつと湧き出すから、「ふつふつ」が訛って「ぶつぶつ」と呼ばれるようになったそうだ。

長さは「一三・五メートル」しかなく、平成二十年（二〇〇八）十月二十一日に、日本一短い指定河川となった。

平成二十三年（二〇一一）に台風十二号の大水害で断水した時は、近隣の住人はこのぶつぶつ川の水に多いに助けられたという。

そんな、ぶつぶつ川の水を沸かして飲むお茶が世界一美味しいというTさんから、川に纏わる不思議な話を聞いた。

この川の水を飲んでいる鳥が、時々お経を唱えているよと子供が言う。

鳥の鳴き声がたまたまそう聞こえたんじゃないかと言ったが、違うちゃんとしたお経だと言って、子は譲らず、今度一緒に確かめに行こうということになってしまった。

数日通ったが、そもそも鳥がおらず、水を汲んで帰るだけになってしまったが、夏休みのある日、犬の散歩のついでに川を見たら白い鷺《さぎ》が三羽、川に長い脚を浸けていた。

そして、少し離れた場所でもしっかり聞こえる音量で経を唱えていた。

一人で犬の散歩をしていたので、すぐさま家に帰り子に自分も経を唱える鳥を見たことを伝えると、子は得意げに「ほらね」と言ったそうだ。


Tさんは自分の体験から、「ぶつぶつ川はお経をぶつぶつと唱える鳥がいたから、それともお経はありがたいものだから、仏仏でぶつぶつでぶつぶつ川なんじゃないかな」と、自分なりの由来の説を唱えたあと、本当は飲み水として使わないでって言われているんですが……煮沸すれば大丈夫だと思います、と言ってぶつぶつ川で今朝汲んだばかりという水の入ったペットボトルを手渡してくれた。

鯨のねがい――(太地町)

太地町《たいじちょう》に住んでいた鯨《くじら》獲りの名人佐吉は、ある日夜更けに人の気配がするので目が覚めると黒留袖の女が床に指をついて頭を下げていた。

「誰だ？」と佐吉が問うと女は名乗らず「明日、私を見つけて獲っても構いませんが、子だけは見つけても獲らないように」と言って消えた。

翌日、湾に鯨の親子が入って来たのでもしかしたらと佐吉は思ったが、皆と一緒に銛《もり》を打ち二頭とも獲ってしまった。

佐吉はその後、鯨獲りの名人として金持ちになったが、明治十一年（一八七八）十二月二十四日、脊美流《せみなが》れで犠牲となり帰らぬ人となってしまった。

脊美流れとは、百名以上の鯨獲りが犠牲となった大惨事で、鯨組宰領の子孫によって建立された「太地浦鯨方漂流殉難供養碑」が今もある。

佐吉の遺体には黒い反物が巻き付き、剥がそうとしても剥がれなかったので仕方なく一緒に焼かれた。

その時、何故か鯨肉を焼いた時のような煙が上がったそうだ。

太地町にはくじら浜海水浴場があり、近くにある民宿に小さい頃、何度か泊まった記憶があるが、そんな悲劇的な捕鯨に纏わる記録があったことはこの本の取材を開始するまで知らなかった。

太地町にたびたび家族で訪れた理由は、祖母は鯨料理が好きだったので、きっとそれ目当てだったのだろう。

いつかまたあの頃の思い出を頼りに太地町には訪れたいと思っている。

名手川の鬼火――(紀の川市)

名手川《なてがわ》には強い流れによって出来た深い淵があった。

その淵には夜になると、鬼火が飛び、その灯りを見ると川に呼ばれるように飛び込む者がいたので、高野山から僧を呼んで経をあげてもらった。

鬼火はかつてここを行きかう船がたびたび沈み、その魂が寂しいから誘い出ているのでしょうと僧は言い、経を岩に彫って山に戻っていった。

経を彫った石からはたびたび、笑い声や泣き声が聞こえることはあったらしいが、鬼火はそれ以来ぱったりと現れなくなった。

経が刻まれた石は、藤崎《ふじさき》にあると聞いて行ってみたが見つけられず、地元の人にも聞いてみたところ、どれがそうかは分からないが、石碑は幾つもあるのでそのうちの一つではないかということだった。

今回、刊行までの時間の関係で十分に取材出来なかったが、和歌山県内には多く石碑があり、それを研究している市民の方は大勢いることを知った。

特に治水関係の碑の謂れは、水害の多い地ゆえに執念と言われるほどの熱意を感じる話が多かった。

地獄の釜――（串本町）

覗き込むと地獄で罪人を煮る釜のように見える場所があると聞いて、串本町《くしもとちょう》の須江岬《すえざき》に向かった。当日は生憎の天気で、傘を大粒の雨が打ち付けていた。

「傘を手に持っていたら危ないんで、雨合羽に着替えて下さい。笹薮を途中通るんですが、足元が滑りやすいから気を付けて下さいね。それと釜は絶対に奥まで覗き込まないように、何が起こっても自己責任ですから」

駅で合流した、案内役のこの地域で民話も趣味で集めているという、藤井恵《ふじいめぐみ》さんから注意事項を聞き、レンタカーの中で靴を履き替えて目当ての地獄の釜の場所に向かった。

「田辺さん。地獄の釜は、南紀熊野ジオパークの説明によると、紀伊大島に分布する流紋岩質火砕岩中に空いた大きな穴で、火成岩からなる海食洞窟の天井が崩落したものだそうです。底は海と繋がっていて、風の強い日なんかは底から這い上がって来た海水で顔が濡れることがありますよ」

藤井さんに地獄の釜の由来と、どうして奥まで覗きこんではいけないのかと聞いた。

「覗きこんではいけない理由はですね、昔、穴が深くって怖かったからか案内してその場で卒倒しかけた方がいたんです。恐怖症とかじゃないって言っていましたけどね、近くには掴まる場所もロープもないし、危険なんですよ。それと底をよく見ようとしてカメラや携帯電話を落としてしまって、拾おうとして命を落としそうになった人もいたんです。

穴の周りは海から流れてくるゴミが溜まっていて、ボランティアの人達が清掃活動しているんですが、なかなか追いつかないですね。

地獄の釜の由来は、かつて、六部《ろくぶ》(六十六カ国の霊場にお経を納めて廻る行者)が野武士に追いかけられ、穴の縁まで追いつめられ斬り殺されて、死体を穴に投げ捨てられてしまったんです。それ以来、穴から六部の恨めしい声が地獄から響いてくるように聞こえたからだそうです。穴を通じて聞こえる潮騒や、風の音が、そんな風に思えたのかも知れません」

足元の悪い道を、日ごろの運動不足を恨みながらふうふう言いながら進み、やっとの思いで地獄の釜についた。

雨はかなり激しく降り続いており、レインコートは濡れて衣服にべったり張り付き、顔も髪もシャワーでも浴びてきたみたいになってしまい、水滴が滴っていた。

「何度も言いますが、絶対に覗き込まないで下さいね。実を言うと吸い込まれそうと感じたことがあって、私も恐くって深い奥の方の場所は見れないんです」

「大丈夫です。見ないようにするんで」

藤井さんに伝え、縁を見た。暗く深い穴だ。

ごおおおっと響くような音は風なのだろうか。

真っ暗な雨の降る藪の中、この先に地獄があると聞けばそうだろうなと感じた。

「田辺さん!」と藤井さんに呼びかけられ、かなり体を乗り出して穴の深部も覗こうとしていたことにハッとした。

「もうこの雨ですし、今日は帰りましょう」

藤井さんの提案に同意し、濡れた笹で何度か足を滑らしそうになりながらも無事、車の停めてある場所まで戻ることができた。

「凄かったでしょう、地獄の釜。今度は天気のいい時に来て下さいね」

藤井さんに見送られ、私は次の取材地へと向かった。

それから二週間程経った頃に、藤井さんから電話があった。

「田辺さん、地獄の釜を案内したけれど、その後に変わりはないですか？」

妙なことを聞くなと思ったので「変わったこととはどういうことですか？」と返した。

「実はね、田辺さんを案内した後に、二名地獄の釜を案内したんです。そしたら帰りにパパパパパッて木の間からフラッシュを焚いたみたいな光で眩しいって感じた変なことがあったんです。

あんな場所、そんなに人が通らないし、どこかに隠れてフラッシュ焚くなんて普通しないと思うから、あれはもしかしたら怪奇現象なんじゃないかなって思って。

しかも、それだけじゃなくってね、案内した二人とも、家に帰ってからも二、三日、掃除機が絨毯を吸い上げたようなズヴォオオオって音が耳元で夜になると聞こえて、煩《うるさ》くて寝付けなかったって聞いたので、もしかしたら田辺さんのとこでも何か起こっていないかなと思って電話したんです」

私は藤井さんに、今のところそういったことは起こっていないですよと伝えて電話を切った。

あの穴が通じている先は、本当に海だけなのだろうか。

補陀落の海——（紀伊半島南端）

補陀落《ふだらく》とは観音浄土を意味するサンスクリット語「ポータラカ」の音訳で、天竺の南方に存在する浄土だという。

日本でも南の海の果てに浄土が存在するとされ、高知県の足摺岬《あしずりみさき》や室戸岬《むろとみさき》などにも補陀落渡海の記録が残っている。

その中でも、最も渡海が盛んだったのが那智《なち》で、那智勝浦《かつうら》に広がる熊野灘《くまのなだ》は「補陀落の海」と呼ばれ、海の果てには観音菩薩が降臨する霊場があり、そこに辿りついた者の魂は全て救済されるとされていた。

補陀洛山寺の境内で展示されている復元された「渡海船《とかいぶね》」を見て、こんな小さな舟で大海原に向かうのはどんな気持ちだったのだろうか……と私は思った。

寺の境内は静かで、私以外誰もおらず、蝉しぐれが聞こえるばかりだった。

渡海船の全長は、たった六メートルほどで、三十日分の食料や水、行灯《あんどん》の油も運び込まれていたというので、僅かな隙間にやっと座り込める程度だったに違いない。経を唱えながら渡海僧が船の屋形のなかに入りこむと、決して外には出て来られないように、外から釘が打ちつけられた。

暗く揺れる船内の中で、外を見ることも出来ず、灯火を眺めながら渡海僧は何を感じていたのだろうか。

渡海船の上に作られた屋形を、前後左右を四つの鳥居が囲んでいる。

この四つの鳥居は「発心門」「修行門」「菩薩門」「涅槃門」の四門を表わしており、修験道の葬送作法によると、死者はこの四つの門をくぐって浄土往生すると考えられている。渡海船に立てられた四つの鳥居は、この船が浄土にたどり着けず、船内で渡海僧が亡くなった場合の魂の救済処置なのだろう。

補陀落渡海は、慶竜《けいりゅう》上人が貞観十年(八六八)に渡海したのが最も古いとされ、その後十八世紀初頭まで渡海が続いていたというが、近代に入ってからも独自に船を仕立てて究極の苦行に挑戦したいといって海に出て行く者もいた。

補陀洛山寺周辺で、聞き取りを行ったところ、過去に中学生が一人で筏のような船を作って隠しており、問い詰めたところ「この世に絶望したので補陀落の海の果てに行きたかった。葬送の場として、ここが美しいから選んだ」などと言っていたという話を聞いた。

渡海船は、白綱で繫がれた伴船とともに沖の綱切島あたりまで行くと、綱を切られ、あとは波任せで海を漂う運命だった。

殆どの渡海僧の乗った船はやがて波に揉まれて沈み、入水往生を遂げてしまったと思われるのだが、一人だけ例外がいて室町時代の日秀《にっしゅう》という僧は運よく琉球王国に流れ着き、富花津《ふなや》近くの鍾乳洞で布教活動を行った。

江戸時代には、金光坊《こんこうぼう》という僧侶がこの渡海船から脱出し、島に泳ぎ着いたところを見つかってしまい、石を体中にくくりつけられ、今度は絶対に出られないように釘を幾つも打たれて再び補陀落の海に流された。それ以来、帆立島と綱切島の間の島は金光坊島と呼ぶようになり、風の強い日には金光坊の無念の聲《こえ》が聞こえ続けたそうだ。

これを機に渡海は公的に禁止され、同寺の代々の住職が亡くなると遺体を船で水葬する形に改められた。この出来事は井上靖《いのうえやすし》の小説『補陀落渡海記』にも書かれており、金光坊島は那智海水浴場から眺めることが出来る。

取材に行った日は夏場だったが、コロナ禍の影響もあって、海の家は閉まっていた。なので適当に食事所はどこかに無いだろうかと探していると、親切な夫婦がいて車に乗せてマグロ丼で有名な居酒屋まで連れてってあげると言った。

私は遠慮せずに車に乗り込み、何かこの辺りで不思議な話や怖い話はないですか？　と聞くと、こんな話をしてくれた。

釣り船を借りて、親子で釣りに行った人が、急に海上で霧に巻かれて少しの先も見えなくなってしまった。

戻るにも方角が分からず、どうしたものかと釣り船の船長と話し合っていると、霧の間から帆の部分に「南無阿弥陀仏」と書いた船が現れた。

親子と船長があっけに取られていると、線香と腐った肉が混ざったような臭いが立ち込めはじめ、気持ち悪くなって船から海に向けて、三人とも盛大に吐いた。

涙や鼻水を流しながらげーげー吐いていると、ぼーんと鐘の音がしたのと同時に霧は晴れた。岸の方角が分かったので船の速度を全開まで上げて戻った。「南無阿弥陀仏」と帆に書かれた船も、霧が晴れた時にもう見えなくなっていた。

その親子は、その日は何を食べても腐肉や線香の臭いが鼻に抜けると言って残念がっていたという。

他にも、鳥居のついた真っ赤に塗られた船を見た海水浴客が宿に戻ると、濡れた石が布団の四隅に置いてあった。

何故、布団に石が？　と思って、石を手に取ろうとしたら頭の中を目の裏から細い竹串で刺すような鋭い痛みが走った。

あまりの痛みに息も出来ず、その場で硬直していると、読経が床下から立ち上るように聞こえたという話もあるそうだ。

「那智の海上で、渡海船らしきものを見ると何か悪いことがあるので気を付けて下さい」

夫婦はそう言って、居酒屋の前で私を下ろして去って行った。

みかんの神――(海南市)

「さつき待つ花橘の香をかげば昔の人の袖の香ぞする」と古歌に詠まれた橘《たちばな》の白い花を見ながら、友人と一緒に和歌山に訪れた時に、彼女が新田辺のケーキ屋で働いているので、菓子の神とされる田道間守《たぢまもり》が祀られる橘本《きつもと》神社にお参りに行こうということになった。

「記紀」によれば、第十一代垂仁《すいにん》天皇は、田道間守に命じて不老長寿の霊菓を求めて常世国に渡った。十数年間常世国を彷徨《さまよ》い、苦労の末にやっと非時香菓《ときじくのかぐのこのみ》を持ち帰るが、天皇は既に崩御されていた。

田道間守公は落胆悲涙し、その陵に非時香菓(橘)を捧げて命絶えた。

その、田道間守公が持ち帰った橘を「六本樹の丘」(橘本神社旧社地)に植え替え、品種改良し実を甘く大きくし蜜柑《みかん》となったそうだ。

甘い物が貴重だった時代、橘の実は甘味として流通していたので、お菓子の神として田道間守公が祀られるようになったそうで、史実かどうかは不明だが、嵐のなか蜜柑を江戸へ船で運んだことを切っ掛けに財を成した江戸時代の豪商・紀伊国屋文左衛門《きのくにやぶんざえもん》に、蜜柑を運べと命じたのは夢枕に立った田道間守公だそうだ。

友人と共に神社にお参りに行く途中、出会った人から不思議な話を聞いた。それが偶然蜜柑に纏わる話だったので紹介したい。

神社に続く石段で蹴躓《けつまず》いた方がいたので、手助けしてそれをきっかけに少し話を交わした。すると、Nさんと名乗った方はこんな不思議な話をしてくれた。

「実は不可解な蜜柑に関わる出来事があったものですから、神様に報告に来たんですよ。

今から三か月ほど前にね、うちの庭先に、沢山の蜜柑が落ちていて、それも、十や二十という単位でなく、何百という数の蜜柑が落ちて散らばっていたんです」

黄や橙《だいだい》の絨毯のようになった庭を見て、Nさんの奥さんは、気味が悪いから集めて捨てようと言ったそうなのだが、「毒が入っているわけでもないでしょうし、もったいないから少し食べてみたい。なあに腹の薬は用意してあるから大丈夫」と、Nさんは拾って部屋に持ち込んだ。

嵐で近くの木から落ちて転がって運ばれて来たか、誰かが悪戯で廃棄したのだろうと、思い、皮にも傷が無かったのでNさんは早速剥いて食べた。

瑞々しい果肉から出る酸味と甘みの合わさった果汁が口内に広がり、とても美味しい蜜柑だったそうだ。

しかし、数があまりにも多かったので食べきれない分はホワイトリカーにでも漬けて蜜柑酒にでもしようかなと思ったNさんは、拾った蜜柑を瓶に入れる前に焼酎で消毒する為に、庭に茣蓙《ござ》を引いて並べた。

鳥が早速蜜柑を突こうと狙っていたので、上には筵《むしろ》を被せた。その作業ですっかり体が冷えてしまったNさんは部屋に戻り、手を擦り合わせながら炬燵《こたつ》の中に入って相撲中継を見ながら、茣蓙に並べきれなかった蜜柑を三つほど剥いて食べた。

果汁がじわりと体に染み入るようで、さっきよりも蜜柑は甘く美味く感じられた。

そして見ているのはNHKの筈なのに、中継が途中で終わりCMに切り替わった。

ざーざーという波音とともに、きらきら光った黄金で出来た船が画面の中央に浮かび、山のように蜜柑がたくさん船に乗っている。

「うまい！　みかん！　みかんは！　きしゅう！」そう言うMCが入り、再び相撲中継が始まった。電波の混線だろうか。変なCMだったなとNさんは思いながら、炬燵の上に置いてあった蜜柑を手にとった。

そして皮を剥くと、果肉の間から小さな爪の大きさ程の魚の頭が出てきた。

Nさんはびっくりして、他の蜜柑も手に取って皮を剥いてみると、ぷちっと中の実の一つが爆《は》ぜた。海水と生ごみのような臭いが部屋に広がり、気持ち悪くなったNさんは庭の蜜柑をすべて集めて海に流しに行った。

不法投棄では？　という私の問いに対して、Nさんは、どうして普通に捨てずに海に流そうと思ったのか自分でも分からないと答えた。

そして、Nさんは自分が海に捨てた波間で浮き沈みする蜜柑の間に、小さな金色の船を見たそうだ。

船はキラキラと日の光を受けて眩いばかりに輝き、蜜柑と共にどこかに流れて行った。

その夜、Nさんは幽霊という文字の書かれた船に、死装束を纏った男たちが乗っていて、鬼のような形相で蜜柑を手づかみで貪り喰う夢を見た。

男たちの形相が凄まじく、目が合った時には体が竦《すく》み、恐怖のあまり声を上げてしまったところで、目が覚めた。

汗だくで布団の中で目覚めたNさんは、夢で見た男達と一連の身に起こったことは、紀伊国屋文左衛門ではないかと思い至ったそうだ。

でも、蜜柑と船からの連想での思いつきで、そう感じただけで、そもそも何故そんな夢を見たのかも、奇妙な蜜柑が庭にあったことも説明がつかず、今もなんだか落ち着かない気持ちで日々を過ごしているという。

ちなみに、紀伊国屋文左衛門の数多くの逸話の中の一つ、蜜柑船の伝説だが、死を覚悟した船出だったので、実際に死装束を纏って乗船していたという。

それは、天才商人の文左衛門が、当時の広告効果を狙ってのパフォーマンスだったという説もあるが、実は他にも何か理由があったのかも知れない。

妖怪を売る男――(海南市)

海南市《かいなん》にある海南一番街商店街で「通りゃんせ」という、小規模なフリーマーケットが毎月第二日曜日の午前十時から夕方まで行われていて、そこで知り合った方から「妖怪の瓶詰」を扱っていた行商人がいた話を聞いた。

「小学校の帰り道、木製の屋台を引く老人がいて二十センチ大の色ガラスの中に妖怪が入ってました。おもちゃのゴム蛇なんかも一緒に売っていて、価格は百五十円くらいでしたね。三回くらい購入したことがありました。

買って数日経ったら、瓶の中の液体が濁った白い米のとぎ汁みたいになって、中のぶよぶよした妖怪の死体みたいなのが溶けたのか見えなくなっていたんです。親に見せたこともあるんですが、興味ないみたいで、早く捨てろとしか言われなかったです。

クラスメイトが、巡査が妖怪屋台の老人に、何を売ってるのかと聞いてる様子を見たとかいう話があって、その時老人は、中身はイカですと巡査に伝えていたらしいです。

どう見ても、瓶の中身はイカには見えなかったんですけどね。

夜、窓際に置いた妖怪入りの瓶が七色に光っていたことがあって、あれは何だったんだろうって未だに思います。

熊楠記念館の〝ウガ〟みたいなのとは違って、もっとグロい生き物でしたよ。

人が作った造形物っぽくも無かったですね。なんで一度も写真撮影して残さなかったのか後悔しています。兄弟も何度かその瓶、買った筈なんですけど、このことを覚えてるの俺だけなんですよ」


妖怪の伝説の宝庫の和歌山なら、もしかしたら妖怪を瓶詰にして売っていた人がいてもおかしくはないのかも知れない。

御坊市の辺りでは、乾物の天狗の旗を持った人がいて、背負子の中に天狗を干したのが幾つか下がっているのを見たという人もいた。御坊市の教育委員会には「鴉天狗《からすてんぐ》」の木乃伊が保管されているし、修験者が厨子《ずし》を背負いその中に妖怪の木乃伊を入れてご利益を説いていたというから、そういうことがあったのかも知れない。

大石順教尼の掛け軸――（九度山町）

九度山・真田ミュージアムの名誉館長の北川央さんから、大石順教尼《おおいしじゅんきょうに》の邸宅が九度山にあるので案内しますよという連絡をいただいた。

大石順教尼の存在は『大阪怪談　人斬り』の取材中に知った。

大阪の堀江で起こった六人斬り事件の唯一の生存者であった、芸子の津満吉は一命をとりとめたものの義父の刃傷によって両腕を失い、日本一の踊り手になるという夢は経たれてしまった。しかし彼女は、鳥が嘴《くちばし》で水を飲み餌を啄《ついば》む姿を見たことから口で絵や文字を描くことを思いつき、書画の腕を磨いた。彼女は大石順教という尼僧となり九度山で生涯を過ごしたという。

雪降る日に大石順教尼の記念館に行くと、北川さんと九度山町役場の方や、管理人さんが案内してくれた。中では順教尼が口で筆をとり絵を描く様子や、本人の思いが語られる映像を見ることが出来た。

「ここは日本のヘレンケラーと称された大石順教尼が出家するために、お世話になった旧家を改装して、作品を展示している場所なんです。この記念館の門は江戸時代に建てられ、町の文化財にも指定されています。展示されている書画は、大石順教尼が若い頃から描いた作品で、一年間通して企画展などでその多くの作品を見る事が出来ますよ。順教尼は障がい者の社会復帰に生涯をささげた人で、当時としては大変進んだ考え方を持っていました。障がい者は社会の保護を受けて生きていればいいじゃないかみたいなことを言う人も多くいた中で、障がい者だからこそ、学んで世の中に何かを残さねばならない。障がい者こそ学んでひとり立ちの出来るように、学問が必要なのだと世に訴えて、自身も書画を学んで日展に入選まで果たしたわけです」

そのような説明を受け、部屋の中にかかっている書画を眺めていたところ、家の造りがやけに新しいことに気が付いた。

そのことを聞こうと思った矢先に、役場の方が実はここは数年前に火事で焼けてしまって、改築をしたのですと教えてくれた。

「火事で絵や書はよく残りましたね。紙だから水に濡れてもいけないし、その時は展示されていなかったんですか？」と尋ねたところ、火災時に硝子を破って、役場の方々が命がけで守ったということが分かった。

甲子園出場校の常連としても知られる、野球の強豪校、智辯《ちべん》和歌山出身の役場の職員もいて、野球部で培った剛腕で掛け軸を守るべく、遠く火の手の及ばないところまで投げたそうだ。

だから家は焼けてしまったが、順教尼が血の滲むような努力で描き上げた書画は守られたということが分かり、この話を大阪市内の怪談会で披露したところ、うちに順教尼の作と言われている絵の掛け軸がありますよ、と客席から立ち上がって言う人が現れた。

私は作品の情報を伝えたら、きっと記念館が喜ぶと思いますと伝えたところ、その方は「引っ越した先の家に和室がなく、洋間に掛け軸をかけるのは変なので、可能ならばすぐに寄贈したいので、記念館に連絡してみます」と言った。

それから数か月後、その方にお会いしたので、順教尼の掛け軸を記念館に寄贈したかどうかを聞いてみた。

すると、彼女は首を横に振った。

「寄贈しようと思って、掛け軸を箱に仕舞って梱包までして、あとは送るだけとなっていたんですが、夢でぼうっと白く浮き上がった女の人がいるのを見たんです。

見知らぬ女の人で、肩の着物の線がすとんと落ちていて、そこより先がないように見えたから、順教さんですか？　って夢の中で聞いてみたんです。

そうしたら、この絵は違いますから……って言ってパッと消えてしまって。

驚いたのは、夢だと思っていたが自分が既に起きていたことだったんです。

それで、あれは夢じゃなくってもしかしたら実際に幽霊がいて、目を開けたまま実際に見たものかなと思いまして、その場で枕元にあったスマホで調べたら、さっき見た白い女の人と順教尼の姿がそっくりだったんです。

家にある掛け軸が順教尼のものだと父から聞いていましたが、顔や声は知らなかったんです。違いますって言葉の意味を考えて、やはり偽物なのかなと思って、近所の骨董商に調べて貰ったら、これは違いますね、とある日本画の大家の作品の写し絵ですよと言われてしまって。そんなことがあったんですよ、だからね、寄贈は出来ませんでした」

と、目の前の女性は言った。

件の掛け軸はというと、インターネットオークションで千円で売ってしまったということだった。

和歌山の安倍晴明伝説──(田辺市)

一時期、大阪の阿倍野《あべの》区にある晴明丘小学校に通っていた。学校についている「晴明」の文字は陰陽師の安倍晴明から取ったと校長先生から朝礼時に聞いた。

人間と白狐との間に生まれた伝説を持つ安倍晴明は、摂津ノ国阿倍野(現在の大阪市阿倍野区)に生まれ、村上天皇や花山天皇に仕えた。京都の晴明神社はよく知られているが、和歌山にも晴明所縁《ゆかり》の地が幾つもあり、晴明神社がある。

大阪で生まれた晴明は、熊野街道を通り紀南地方へ陰陽道の修行に訪れていた。和歌山に伝わる、安倍晴明伝説を幾つかここで紹介しようと思う。

晴明の蛭伏石

田辺市本宮町皆地の集落に、血を吸うヒルが大発生し、村人が困り果てていた。外に出ると皮膚を出した場所全部が真っ黒になるほどの、おびただしい数のヒルが吸いついてしまうからだ。肌に着いたヒルを払うには火で炙るしかなく、血をぷっくりと吸ったヒルは直ぐに子を沢山産んで増えていった。ヒルに血を吸われた箇所はぶよぶよに膨れあがり、耐えがたい痒みに襲われた。

ヒルに吸われた痕を掻きむしり苦しむ村人を見て、通りがかった安倍晴明は、祈祷によってヒルの口を曲げて血を吸えぬようにしてから、護摩を焚いて池のほとりにあった大きな石にヒルを伏せこんで祈祷した。そして石を大事にするようにと言い残して去って行った。石は蛭伏石《ひるぶせいし》と呼ばれるようになり、今もとある民家の敷地の片隅に佇んでいる。

猫又の滝

田辺市の龍神村《りゅうじんむら》と中辺路町の境にある笠塔山には、古くから魑魅魍魎《ちみもうりょう》が住み、不可解な現象が多くあいついでいた。夜になると人の乗っていない白い馬が、木々をすり抜けながら走り、いななき声と土を駆ける音だけが朝まで続くこともあった。

あるとき、旅人が夜に山を越えようとしていたとき、龍神村のあたりで、木偶《でく》茶屋という人形芝居小屋にでくわした。真っ暗な闇の中、音楽と共に木偶が現れ目の前で芝居が繰り広げられる。それだけなら愉快な気もするがその芝居を最後まで見た者が、今度は演じる側の木偶になってしまうらしい。

熊野で修行を行っていた安倍晴明は、その噂を聞きつけ調伏の祈祷を行った。するとと月が出ていた夜だったのに、黒雲が沸き上がり滝から妖怪が現れ、全身を震わせて怒りを表しながら、山が揺れるほど大雨を降らせた。晴明は雨に全身を激しく打たれながら、式神と共に杖を柱、笠を屋根としてお堂を造り、護摩を焚いて三日三晩祈祷を続けた。

妖怪も三日目には力が弱まり雨を降らせ続けることが出来ず、滝壺に戻っていった。その隙をついて封じ込め、岩に梵字を刻み、「この字が消えるまで、滝壺から出ることを許さぬ」と言ったという。

猫又《ねこまた》の滝というので、猫又を晴明が封じ込めた滝かと思っていたが、この話をしてくれた方によると、猫でも跨げるような小さな滝ということで、そう呼ばれているそうだ。

晴明神社からも近く、少し離れた場所には晴明の淵もある。

まだ安倍晴明による妖怪退治伝説は他にも多くあり、思い出し次第連絡すると言われているので、またこの本の続きが出せることがあれば記録していこうと思う。

友ヶ島の伝説――(紀淡海峡)

「友ヶ島《ともがしま》は『天空の城のラピュタ』のモデルになったのではないか?」「ラピュタの舞台に似ている」という記事がインターネット上に出てから、様変わりしてしまった。

子供の頃はいわゆる穴場のスポットで、お盆時期でさえ混みあうことが稀だったのに、最近は休みの日となると、島に渡る船に乗るのも人だらけで整理券を貰って三時間以上待つほどだ。

この友ヶ島には様々な伝説が残っている。

小さい頃、祖父母に友ヶ島によく連れていって貰って、釣りや海水浴を楽しんだ。夜には無人島になるが、キャンプ場でテントを張って星を見ながら色んな話を聞かせて貰った。

その中で好きだったのが「つむじ風」と呼ばれた海賊の話だった。

江戸時代、瀬戸内海に剛右衛門《ごうえもん》という廻船問屋《かいせんどんや》がいた。

廻船問屋とは、商船の積荷の売買や、集荷作業を行う者のことで、船や荷の契約や取り決め、流通に関わる大変重要な仕事で、水木しげるの曾祖父も江戸後期に境港で船問屋をしていた。

しかし剛右衛門には裏の顔があった。

普段は数百人を束ねる廻船問屋の主人、しかし嵐の夜になると海賊つむじ風の首領として活動していた。つむじ風の呼び名は、船が出せない風の強い夜を狙って出没することからついた二つ名だった。

剛右衛門は、秘密の場所に略奪品を隠し、売る時は船の荷に紛れ込ませ遠方で少しずつ捌《さば》いていた。

頭が切れる上に用心深かったので、海賊つむじ風の首領としての顔を知っているのは、同じく嵐の夜のみの裏稼業を務める廻船問屋の者だけだった。

しかし運が尽きたのか、ある晩、天候を読み違え、あっという間に波に揉まれて略奪品もろとも船が沈んでしまった。嵐が去った後に岸に打ち上げられた略奪品と船を見て、皆がはじめて剛右衛門のもう一つの裏の顔を知ったという。

中には何人か漂流して生き残った者もいたが、膨大な宝の隠し場所を知っていたのは剛右衛門と溺死してしまった側近の番頭だけだったらしく、取り調べても分からなかった。

ただ、友ヶ島の辺りに何度も小舟を運んだという記録があり、島のどこかに隠されているのではないかということだった。実際、紀伊水道の一部が台風で崩れた時に漁師が潰れた金の延べ棒を見つけたので、もしかするとこれは「つむじ風」の宝では？　と過去に噂になったことがあったそうだ。

それ以外にも戦前、島の石橋付近で、真珠の付いたサンゴの枝を拾った者がいたらしい。だが、海賊の念が籠っていたのか、その後、晴天の日だったのに海が急に荒れて、加太に戻る途中で船が転覆してしまい、サンゴの枝を拾った者だけが助からなかったという。

友ヶ島には今も海賊つむじ風の宝、もしくは旧日本軍の埋蔵金があると言われていて、実際、島内にはなんでもないような場所に抉られたような深い穴や、爆破痕のようなものが存在する。それは宝を探したＧＨＱによる発破痕だそうだ。

島内には何かの目印ではないかと思うような石や変わった建造物も幾つかある。

友ヶ島にはかつて大蛇が棲んでいたという伝説も残っている。

役行者が前鬼、後鬼と共に島に渡った時、大きな蛇が海岸でとぐろを巻いて漁師を呑んでいた。

それを見た、行者は法力で大蛇を動けなくしてから、島の池に封じた。

行者は蛇に、夜に笛の合図があった時だけ島にいる人を呑んでいいと約束を交わした。

土地の人には決して島に夜に渡らず、夜に笛を吹かないように、これを子々孫々まで禁として必ず伝えるようにと言い去って行った。

しかし、数百年の時が経つにつれ、大蛇との約束ごとは忘れられてしまった。

ある年、紀州藩の南龍公《なんりゅうこう》（徳川頼宣《よりのぶ》）が、友ヶ島に訪れた時のことだった。昼過ぎから海が時化て、対岸に戻れなくなってしまった。

仕方なく、波が収まるのと待とうということになり、やがて日が暮れて辺りは真っ暗になった。

南龍公は笛をたまたま携えていたので、潮風に荒れる波を眺めながら笛を吹いた。

すると池から大蛇が這いだし、公を一飲みにせんと大きな口を開けた。

公は笛をその場に投げ捨て、腰に下げていた「静《しず》の長刀」を抜き、振り落ろすと、大蛇は舌で刀を巻き取りどこかへ去って行った。

名刀が身代わりになったのだろうか。蛇が去った理由は判らなかったが、公は船に乗り荒れる海を越えて逃げた。

行者が大蛇を封じたという池は「深蛇池《しんじゃいけ》」と呼ばれ、大正の頃に名刀「静の長刀」が実際に見つかったそうだ。

池は現在絶滅危惧種の野草が多く繁っていることから、「友ヶ島深蛇池湿地帯植物群落」として和歌山県の天然記念物に指定されているが、島のかなり奥深い場所にあるので、池には私も一、二回しか立ち寄ったことがない。

役の行者に縁のある場所だからだろうか、過去に行った時は二回とも修験道の行者らしき人が獣の頭蓋骨を置いて何か儀式めいたことをしていた。

気になって何をしているのか尋ねてみたけれど、返事はなく、額に汗を浮かべ何か命がけで大変なことをしているような形相だったのを覚えている。

死田——（みなべ町）

今年になって始めたYouTubeチャンネル（最恐激コワちゃんねる）経由で知り合ったHさんから「死田《しにだ》」という地名を知っていますか？　という連絡を貰った。

Hさんは昔から、怪しい和歌山県内にある地名の由来や場所を趣味で探し続けている人だという。「通夜島《つやじま》」や「髑髏谷《どくろじま》」「卒塔婆峠《そとばとうげ》」「墓所谷《むそた》（六十谷）」「奇絶峡《きつきょう》」「犬の墓」など曰くありそうな地名は確かに多くある。

けれど調べてみると実際は、地名のイメージとはかけ離れた平和で普通な由来ばかりだ。

「昔の郷土史本で、えらい恐ろしい伝説のある『死田』って地名があると知ってはいたんですが、場所は分からなかったんです。でもインターネットで探していたら、動画で[redacted]さんって人が見つけてね、『死田』まで行ってたんです。

僕の方がもしかしたら前から探していたのに悔しいなあって思って、知り合い誘って動画の情報を頼りに『死田』に行ったんです」

「その『死田』にはどんな話が伝わっているんですか?」

「田辺さん、それはですねえ『南部《みなべ》の民話伝説』って本の情報によると、岩代《いわしろ》駅から北へ約一キロほど進んだ場所にあって、道路のすぐそばで便利な土地なのにだれも買おうとしなく、耕作もせず荒地になったままだそうです。

理由は、昔、羽柴軍が、南征のおりに仙石権兵衛ら(羽柴軍)と湯川軍が戦って、その戦死者を埋葬したところだとかで祟りがあって、耕作した家の家族のだれかが必ず死ぬと伝わっているからだそうです。

本には西岩代のパイロットに行く途中に『死田』はあると大まかな地図のイラスト付きで載っていたんですが、探してもどうしても僕は見つけられなかったんですよ。

それもそのはずで、動画を見て知ったんですが『死田』って言葉から僕は休耕田を探してたからで、今はそこはソーラーパネルの設置場所になっているんですよ。

何度もその横通っていたのに、ソーラーパネル場だったとは気づけなかったなあって悔しくて、僕と知り合いの二人で一緒にこの間『死田』に行ったんです。

で、知り合いが『死田』に来たら急にしゃがみ込んで、ソーラーパネルの下をずっと見だしたんで、何してんの? 猫でもおるんか?って聞いたんですよ。

そしたら子供がおる、小さい子供って言って……」

そこで、Hさんは声のトーンをぐっと落として囁くように話しはじめた。
「子供が下に潜ってかくれんぼでもしてんの？　って言ったら、急にそいつ立ち上がって
お前は見るな。やっぱり子供じゃなかった行こう……ここから早く去ぬぞって車出してく
れ……顔真っ青にして言いだして。
仕方ないから車に戻って、エンジンかけて助手席を見たら、知り合いの下唇が震えてる
んですよね。お前、どうしたんや？　何を見たんや？　って何度聞いても、その後、答え
てくれないんです。
『死田』のソーラーパネルの下で何を見たか頼むから教えてくれよって随分言ったんです
けどね。
ただ、一度だけ少し教えてくれたことがあって、下で見たのは猫でも子供でもないって
それだけなんです。今度は一人で『死田』に行くんで、もし僕が何か見つけたりしたら田
辺さんには報告します」
そう言っていたHさんだったが、あれからもう三ヶ月以上経つのに何の連絡もない。

島で見た人形――（紀淡海峡）

これは友ヶ島にある茶屋で聞いた話。


三十年ほど前に、夏にやって来た家族がいた。

家族は、加太の温泉宿に宿泊していて、そのついでに島に訪れた観光客だった。

子供が林の方を指さし「あれなあに？」と行ったので、親が見るとそこでマネキンが四体石に腰かけてこちらを見ていた。

怖くなってその家族は逃げて、船着き場で見たものを話した。

すると、近くにいた大学生のグループが本当なら面白いと家族がマネキンを見たという場所まで行った。

そこには、バラバラになったひな人形と、ままごとで使うようなサイズの小さな酒器が散らばっていた。

それだけでなく、三センチほどの厚みのある茶封筒も落ちていたので、学生の一人が拾い上げて中を見た。

そこには、大きなナメクジの死体と獣の歯が入っていたそうだ。

時々そんな風に、島で変な物を見つけてしまったり、見てしまう客がいた。

そういった物に関わってしまった人は、何かあったらしいが、ここ十数年はそういうことも無くなったそうだ。


何かあったという言い方が気になったので、どういうことがあったのかと質問してみたところ、人形が家に現われ、それから家で悪いことばかりが起きたという話をしたということだった。

人形は種類も古さもバラバラで、供養に持って行こうとすると、見つからず、いつの間にか消えていることが多いそうだ。

ショウシンゲ――(和歌山市)

和歌山市にある浄永寺《じょうえいじ》には石山合戦で信長と戦い、戦死した門徒衆の碑がある。石山合戦は、元亀元年(一五七〇)九月から天正八年(一五八〇)四月まで続いた石山本願寺と織田信長との戦だ。

石山合戦時に浄永寺の人々は、紀州雑賀《さいか》党や根来と共に本願寺派に加わる為に出兵した。信長は、最初の紀州攻めで、天下一の鉄砲集団、雑賀党によって撃ち負けたが、今度は大軍を率いて紀州へ攻めに来るという知らせが浄永寺に入った。

浄永寺は先の紀州攻めで、大勢を亡くして手薄になっていた。それでも、どうにか次もあの信長に勝ちたいと思っていた矢先に、紀州では名の知れた呪術を扱う旅の僧がやって来た。

その僧は、怨敵・信長を調伏する為には寺に皆が集まり、一昼夜「ショウシンゲ」を繰り返し唱え続けるようにと告げ、どこかへ去って行った。

その日から、村中の人々が寺に集まり一心に「ショウシンゲ」を唱え始めた。

すると数日後に、信長が明智光秀《あけちみつひで》に殺されたという報せが入った。丁度、本能寺《ほんのうじ》の変があったのは、ショウシンゲを唱え始めた日の晩のことだったそうだ。

皆が、その報せを聞いて手を合わせて涙を流して、寺内で喜びの声を挙げたという。

だが数日後に「ショウシンゲ」を教えてくれた僧の死体が、獣に食いちぎられた無惨な姿となって県境で発見された。村の人たちは、もしかすると呪いを返されてこのような姿になったのではないだろうかと言い、ぞっとしたそうだ。

「ショウシンゲ」とは親鸞《しんらん》の正信念佛偈《しょうしんねんぶつげ》のことだろうか。

高野山にはルーズベルトを呪殺した僧がいたという噂もあり、この本の取材中にも、時代を問わず戦の時に僧侶が呪術を使ってね……という話を町の人から何度か聞いた。

寺院に住んでいた私の大叔父も、呪いを使える僧侶が県内に今もいると言っていた。

何故あの時、詳しく聞いておかなかったのだろうと今も後悔している。

肝試しの悲劇――（和歌山市）

橋本市在住の山本とし子さんに聞いた話。

かなり前に新宮から八木《やぎ》までのバスに何人かで乗ってた時にね、退屈だから怖い話をしようってことになって、色々と学校の七不思議とか、テレビで聞いた話をしてたの。学生だったし、暇で時間がたくさんあった頃だったからね、一度日本で一番長い走行距離の路線バスに乗ってみたかったのよ。

そしたら近くの座席に座ってたおばさんがね、聞かせてくれた怪談があるんです。

それが物凄く怖くって、元々色んな怪談が好きでそういう本やらも沢山読んできたけど、あれ以上怖い話は未だに巡りあったことがないです。

それがこんな話なんですよ。

和歌山市栄谷《さかえだに》という場所に住んでいた若い夫婦がいたんですが、夫が山崩れに巻き込まれて亡くなってしまって、その後に子供が腹にいることが分かってね。

でも気丈な人やったから、子供を一人で産んで育てて、必死に働いた。だから、周りの人らも気にかけていて、後家さん、後家さんって呼んでいた。

ある日、栄谷の外れに首吊り死体があるって噂が出たんだけど、昼も薄暗い場所やし、なかなか確かめに行く人がいなかった。

警察に伝えるとか、本当はしないといけなかったんだろうけど、当時は死体は獣が勝手に食って始末するもんみたいな扱いだったし、ましてや他所者《よそ》の首吊り死体だったから、そこまで関心を誰も持っていなかったんやろね。

なんか死体があるらしいで嫌やなあって、そんなあっけらかんとした感じやったみたい。そんで、後家さんを気にかけてた連中がね、みんなで食べ物の差し入れを持って行った時に今夜は蒸す夜になりそうだし、どうせ寝れないだろうから、肝試しをしようって提案をしたの。

でも単なる肝試しじゃつまらんとなって、丁度噂になっている、首吊り死体を確かめに行こう。それで、ちゃんと確かめたという証拠に死体の指か耳を削いで持って来てほしい。それが出来て、最初に戻って来たら、ここに全員が出して集めた銭をやろうってなことになったの。後家さん、子供も小さいしお金に困っていたからね、どうしても一番に戻って来たかった。

じゃあ、肝試しをはじめよかってなった時に、後家さん子供を背負うてね、闇の中、首吊り死体のある場所まで駆けてった。

途中子供がぎゃあぎゃあ泣いてね、それが異様な泣き声やったの。

夜やし、見知らぬ場所やから、不安に感じて泣いてるんやろうなって思って後家さんはね、背中の子に向けて「ぼうや怖くない。母ちゃんね、一番になってお金貰うつもりだから。ちょっとの間辛抱してね。ええこや、ええこや」と言いながら進んだ。

やがて目的の木に着いたら、真っ暗な闇の中、夏場やから早くも腐りかけて、虫の集ったぶらんとぶら下がった死体があった。

死体はね、腐り始めると桃みたいな甘いにおいがすんの。腐臭は臭いって人はいうけれど、違うの。果実と一緒でね、肉も熟すとあまあい香りを放つんよ。

夏の闇の中、そんな甘ったるい肉の香りの中、後家さんはね、もう怖いとかそんな気持ちも無くって、指先を削るようにして切って懐に入れた。

他の連中はどうしたんやろか、まだやろかと思いながら、急いで家を目指して駆け始めた。

そしたら、どさっと何か上から足元に落ちて来た。なんだろうと思って拾ったら、丸い藁と泥を固めたようなもんで、暗いから何かよく分からなかったけれど、足元に纏わりついて、何度か転びそうになったから、後家さんは拾って胸元に入れて再び走った。

「わたしが一番か？　首吊った死体から指取って、今戻って来たで」

　他の肝試しに参加した連中は、まだ戻って来てなかった。

「えらい早いな、ほんまに行ってきたんか？　誰か男に先に行かせて指だけ途中で渡されたなんてズルはしてないやろうな」

　そう言われて、後家さんむっとして、

「そんなことしてない。うちの子を背に負うて二人だけで誰の手も借りんと行って来た」

　後家さんが振り返ったら、そこには子はおらず、背中がなんでかびっしょりと濡れていることに気が付いた。

「子がおしっこして、その合間にするりと山道に落ちてしまったんやろうか？　どういうことや？　うちの子どこに消えた？」

　慌てて背負い紐を解いてみたら、そこには血塗れの子供の胴体しかなかった。

　後家さん真っ青になって震えていたら、どんっと服のたもとから泥やら葉っぱや血の汚れでまだらになった子供の首が転がり落ちた。

　子供の顔は涙の痕が泥と一緒に目じりについていていてね、多分急いで走っていた時に藤の蔓か何かに引っかかって首が落ちたんだろうってことになったの。

そっから集落内でね、お金欲しさに目がくらんで、死体を使った遊びをしたからバチが当たったんだろうって噂になってね、後家さん苦しかったんかな……。死体が下がってた場所の近くで、七日後に首を吊った。

それだけじゃなくってね、肝試しを提案した連中も参加した者も全員、それぞれ時期や事情や場所が違うけど首吊りで自死してしまった。

これは遠い昔の話だけどもね、今も後家さんがかつて住んでいた家の辺りで、赤い血の滴るロープがぶらぶらと下がってることがあってね、私一度見てしまったことがあるの。

丁度、子供を流産で亡くした時で……もういいかなと思って首をそのロープの輪に入れようと思ったところで、おぎゃあって赤子の鳴き声がして思いとどまったのよ。

それにね、何か縁が出来たのか、そん時いらい後家さんと赤ちゃんの生首を見るようになってしまってね。わたしに取り憑いてるのかも。あなたちの横に、丸い染みが二つさっき浮き出て来たのわかる？　そこにさっき二つ生首があったのよ。

そう言っておばさんが指をさしたの。

これってね、よくほら、「おまえだ」とか「うしろだ」って聞き手が当事者になるように驚かせるパターンの怪談ってあるから、それだと思って。またまたと思って横を向いたら、本当にね、座席のシートに丸い二つのシミがあって触れたらぬるっとしていて、指先を見たら赤かったんです。

もう怖くって怖くって、でも新宮からのバスってバス停までの間隔が長いし降りてもどこにも行けない場所が多いから途中下車も出来ないし、困ってね。

バスの中で怪談話して、知らん人なんか加えるんやなかったってずっと下を向いて、後悔してたんです。他の子らも同じ気持ちやったんか、さっきまで怪談話を楽しんでいたのにムードもどこかに吹っ飛んでしまってた。

全員早く目的地に着かないかなってことばかり考えてた矢先にね、山の奥も奥、全く何もない場所で、怪談話をしてくれた人がブザーを押して、降りたの。でね、その人、バスから降りる時に、鞄からロープの端が覗いて見えてた。

だからもしかして……って思って。

でも、自殺しに行くんですかって呼び止めるのも初対面で変だし、もうあまり関わりを持ちたくなかったから、そこで誰も何も言わなかったんです。

これが、肝試しとか怪談っていう言葉を聞くと、必ず思い出してしまう体験談。思い出すだけで嫌な汗がどっさり噴き出てくる。

バスもね、それ以来、未だに苦手。

だってね、血のシミが座席のシートのどこかについてそうな気がして、嫌やから。

ひと気の無い場所も嫌やね。

あの怪談話を語ってくれた人がロープに下がってね、うちらを待ち構えているような気がするんです。

石子詰――（高野山）

高野山《こうやさん》は独自の自治権が与えられており、罪人は寺領内で処罰された。

高野山で何かしらの罪を犯した場合、軽いのであれば、鬢《びん》の半分だけをそり落として入れ墨をして、寺領から追放とした。その次に軽いものが、万丈転《ばんじょうこかし》の刑《けい》で、罪人を簀巻《すま》きにして谷や川に落とすというものだった。罪の重さによって投げ込まれる場所が決まったというが、聖域ゆえに血を流すことを嫌い、怪我を負わない範囲で行われていたらしい。

そして、極刑にあたるのが石子詰《いしこづめ》で、蛇柳《じゃやなぎ》の木の近くで行われた。

石子詰は血を流さないように工夫された処刑方法で、罪人を生きながら穴に入れ、その上に小石を詰めていく。すると石の重みで体の骨が砕け、肺が押しつぶされ窒息死する。

この方法で処刑されたエピソードで有名なのは、奈良で三作という少年が誤って神鹿を殺めてしまったので石子詰になった話や、高野山で村々の年貢の升《ます》の不正による取り立てを直訴した戸谷新右衛門《とやしんえもん》が石子詰になった話がある。

処刑は必ず深夜に行われ、その際、僧が傍らの蛇柳に灯明を吊るし、刑が完了するまで罪人の姿を観察し続けたという。

現在、蛇柳は枯れて伐採されてしまっているが、高野山奥の院には当時の無惨な処刑の記憶を伝える、苔むした蛇柳供養塔が佇んでいる。

大阪府の箕面《みのお》の滝道にも「石子詰」という場所があり、その場に落ちている石は決して拾ってはならないという。

理由は落ちている石の中には、石子詰の処刑に用いられた物も混ざっていて、拾うと刑場で亡くなった人に憑かれてしまうからだそうだ。

処刑された罪人は死後、蛇になるという噂もあり、そのせいだろうか、石子詰で石を拾ったハイキング客が、その後蛇に纏わりつかれる夢を見て苦しくて仕方なくなり、近所の拝み屋に祈祷を頼んだことがあった。その結果、原因が拾った石にあると分かり、箕面の滝道まで石を返しに行ったということがあったそうだ。

招霊幡としんきりさん――(田辺市)

「和歌山文芸フェスティバル」で私を知ったという、主婦の藤井かよこさんから聞いた話。

お盆時期になると、もう最近はさっぱり見ることはありませんが、龍神村では辻に招《しょう》霊幡《れいばた》を立てたそうです。私の母親は冷水の出でしたが、父が龍神村の人だったので、聞いたんですけれどね、時々招霊幡の下にじっと立っている人がいて、そういう時には決して顔を見てはいけないと言われていたそうです。

もし、顔を見てしまった場合は玄関先にそうめんを供えるといいと聞きました。

そして家に上がる時にどんな字を当てるのかは分かりませんが、カリヤと唱えるとか。

もし、顔を見てしまった時に「こわい」だとか「みにくい」だとか、そういったことを言うと大変恐ろしい祟りにあってしまうそうです。

父から聞いた怖い話はもう一つあって「しんきりさん」というのがあって。それが来ると必ず三人ほど連れて行かれてしまうらしいです。もちろん、死んでしまうという意味です。「しんきりさん」は風のようなもので、捕まってしまうともう駄目みたいですね。

これは防ぐ方法が何もないと言っていました。

淡嶋神社——(和歌山市)

加太にある淡嶋神社は、人形供養の神社としても知られている。

境内には供養のために納められた無数の人形が並べられていて、淡嶋神社は雛《ひな》祭りや、流し雛発祥の地とされている。

淡嶋神社の神様は天照大神《あまてらすおおみかみ》の第六番目の姫で、十六歳で住吉明神に嫁いだのだけれど、婦人病を患ってしまったので住吉明神に離縁されてしまった後に、ウツロ船で流されて、翌年三月三日に淡島(友ヶ島のひとつである神島)に流れ着いた。それが流し雛と雛祭りの起源だという説がある(所説あり)。

神話において日本を創造したと伝えられる少彦名命《すくなひこなのみこと》と大已貴命《おおあなむちのみこと》も淡嶋神社で祀られており、婦人病平癒《へいゆ》、子授け、安産、裁縫上達、縁結び、夫婦和合など、性と生の守護でも知られている。

江戸時代、淡嶋明神の人形を祀った厨子を背負って、御神徳を説いて廻った淡島願人と呼ばれる遊行者がいた。それが淡嶋信仰として、災いを肩代わりしてくれる流し雛を売り歩き神社の由来と信仰を全国に広めたのだそうだ。

こうしたことから、淡嶋神社には今も三月三日にひな人形を白木の船に乗せて流す神事が行われている。境内には日本全国から集められた雛人形や市松人形にフランス人形、招き猫や仏像、フィギュアや少彦名命の眷属《けんぞく》である蛙の置物に、性病や和合の願いのための下着や、性器を模した置物等が至る所にびっしりと並べられている。

宝物殿の地下倉庫に〝髪の毛の伸びる人形〟も納めており、事前予約することで見学可能だそうだ。過去に宮司さんにお話を伺ったところ、人形は寂しくなると人の目を集めたくなるために、そういう事をするのだという。

過去、何度か「淡嶋神社」に関する怪談を幾つか取材したことがあるので、その中の一つをここで紹介しようと思う。

天王寺在住の学生の大島さんから聞いた話だ。

「試験後の夏休みに海の見える場所で、不思議なとこに行きたいって彼女のお願いがあって、前々から人形供養に興味があったんで、加太の淡嶋神社に行こうって誘ったんです。彼女も興味があったみたいで、行先はすぐに承諾してくれました。

電車で、お昼過ぎに加太に着いて、神社を見てビーチを散歩したらあの辺りって他に何もないでしょう。だから宿に戻って、食事の時間まで部屋じっとしていたんです。日差しがキツくって、少し熱中症気味だったのもあるんですけどね。

そのうち都会と違って、静かなこともあって眠気でウトウトしちゃって。でも、布団もまだ敷かれてなかったから、座布団を二つに折って枕代わりにして横になったんです。

彼女は、窓辺近くに置かれた籐椅子に座って海を眺めてました。その姿が綺麗だなって思って、携帯電話で撮影した画像があるんですが見ます？　逆光なんで見づらいですが」

見せて貰った画像は、ゆるくウェーブがかった、セピア色をした髪の女性が映っていた。顔も表情も影のせいでよく判別がつかない。

画像を見た後、携帯電話を大島さんに返した。

「画像撮影したときは、ここまで濃い影じゃなかった気がするんですけどね。何故か、加太で撮影した写真はどれも影が濃く見えるんですよ。

話を戻しますね、その時撮影してから横になった途端、眠っちゃって。でもすぐに目は覚めたんですよ。多分寝てたのは、十分か十五分くらいだと思うんです、部屋には彼女がいなくって右手の人差し指と中指に、黒い糸がきつく何重にも巻き付いていたんです。

指に思いっきり力を入れても切れなかったので、口と左手を使って、鞄から爪切りを取り出して黒い糸を切って指を解放しました」

大島さんは、彼女は宿の大浴場にでも出かけたのかと思ったのだそうだ。

でも、そんなに深く眠っていた自覚はなかったし、襖《ふすま》が開く音や彼女が移動する足跡の気配も感じなかった。

大島さんは、畳の上に落ちた黒い糸を集め、テーブルの上に置いた。

彼女のいたずらかどうか、部屋に戻ってきたら確かめようと思ったからだ。

二十分ほどしてから彼女が戻って来た。どこに行っていたと大島さんが聞くと、宿の売店でお土産《みやげ》を見ていたという。

どうして黙って行ったのと大島さんが聞くと「えっ？　ちゃんと伝えたし、わかったよって言ってたよ」と彼女に返されてしまった。

なんだか、変な気がしたけれど折角の旅行だったのと、自分の勘違いかも知れないと思って、それ以上追及はしなかった。

指の黒い糸についても、そんないたずらはしていないと言われ、寝ぼけて自分で巻いたのかなと思うことにした。

それから豪華な海の幸が盛られた食事を部屋で食べてから浴場に行き、部屋でテレビを見ている最中に彼女が「夜の淡嶋神社に行ってみようよ」と言い出した。

見たい番組もなく、退屈していたので大島さんも彼女の提案にすぐに賛成した。

宿の浴衣姿で外に出ると、大阪市内では見ることが出来ないような、澄んだ星空が頭上に広がり、波の音が聞こえた。

売店も閉まっていて、夜の淡嶋神社はひと気もなく静まりかえっていた。昼に見た神社の印象と違い、異世界に迷い込んだような気持ちがして、大島さんはわくわくしたそうだ。写真を撮影しようかなと思ったが、社務所に人の気配がしてフラッシュの光が迷惑になるかも知れないと思って、大島さんは撮らないことに決めた。

暗い闇の中、並んだ日本人形の白い顔が浮かび上がるように際立って見えた。

一通り神社を見て回ってから宿に戻ると布団が敷かれていた。大島さんは彼女に体を寄せて誘ったそうだが「ごめんなさい、なんか貧血気味なのかな？ ちょっとしんどいから休ませて」と言って断られた。折角の旅行だったのに残念だなと思ったそうだが、大島さんも急にどっと疲れが出て布団に入るなり眠ってしまい、気が付くと朝だった。

日差しがまぶしく、部屋の中に差している。時計を見ると六時過ぎ。昨日は障子やカーテンも閉めないで眠ってしまったらしい。

彼女の布団を見ると、眉間《みけん》に皺《しわ》を寄せて目を強く瞑《つむ》っている。

「どうしたの？」と声をかけたけれど反応はない。

軽く体を揺すっても、なかなか起きない。寝汗がびっしょりで、息も荒い。額に手を当てたが熱はなかった。

「大丈夫？　大丈夫？　お医者さん呼ぶ？　なあ、大丈夫？」

何度か強く体をゆすると彼女は目を覚ました。

「すごく怖い夢を見てた」

額から幾つも筋になって汗が流れ落ち、目も赤く充血していた。彼女が「お水、飲みたい」と言ったので、グラスに入れて渡すと一気に飲み干した。

そして汗でべたべたで気持ち悪いと言って、シャワーを浴びに行った。

シャワーから出てきてから「大丈夫？」と、もう一度聞くと、彼女は大きくうなずいた。

汗を流して落ち着いたおかげか、先ほどのような辛そうな表情はしていない。

「昨日神社に行ったからかな？　めちゃくちゃ怖い夢を見た。あのね、人形の髪の毛がびゃあって勢いよく伸びて、大島くんがぐるぐる巻きにされてしまうの。そして、わたしも縛られて、足の指をコリコリと雛人形に歯医者さんの治療器具みたいなので、穿《ほじ》られちゃって、血が凄い出る夢」

「それは嫌な夢だね」

大島さんはふと、昨日、指に巻き付いていた黒い糸は人形の髪だったんじゃないかと思ったそうだ。

二人共、昨夜は電車で加太まで来たあとは近くを散歩しただけなのに、体が変に重く筋肉痛を感じていた。しばらくして、中居さんが部屋に来て布団を上げてくれたのだがその時、ころんと人形の首が布団から転がり落ちた。

「あれ？　これ、お客さんのですか？」と手渡された人形の首を見て彼女は悲鳴を上げた。それは、受け取った人形の口角が、にやっと上がったように見えたからだそうだ。

用意された朝食も食べず、二人は宿を出て電車に飛び乗った。

そして帰りの電車内で、不思議を求めたのにいざ出会って怖がってしまったことが恥ずかしいと彼女が急に泣き出してしまった。

そんなに感情を出すタイプではなかったので、彼女が涙を流す姿を大島さんはその時初めて見た。

駅で彼女と別れて、家に戻ってから数日間、色々と考えたが何がなんだか分からなくなってきて、誰かに話したくなり、私に取材依頼の連絡をしたのだそうだ。

茶粥――(和歌山県某所)

和歌山では茶粥《ちゃがゆ》を「おかいさん」と呼んでよく食べる。

土地の面積の七割以上を山地が占めていることから、米を作れる土地が少ないにもかかわらず、江戸時代は紀州徳川家による年貢が重く、農民は貧しい生活を強いられていた。少ない米を水分を多く含んだ粥にして、嵩《かさ》を増して家族全員が食べられるように、雑穀混じりでも茶を入れてその香りで食が進むようにと工夫して生まれたのが茶粥で、今も、湯浅《ゆあさ》市や有田《ありた》市の紀中地方を中心に食べる習慣が残っている。

作り方は、鍋に湯を沸かし茶袋に番茶を入れ、煮出す。

洗った米を煮出した茶の中に入れて、茶袋をとりだしてから強火で炊く。

それから、木のしゃもじですくいあげるようにして混ぜ、米がふくらんだところで火を止め、塩を一つまみ入れて少し蒸らせば完成だ。

橋本にいた時、お婆ちゃんが茶粥好きだったので、朝からことこと大きな鍋で焚いていて、家の中が番茶の香ばしい匂いで満たされていた。冬場は暖かいのを、夏は冷やした番茶を上から足すようにかけたのが漬物と一緒に出されていた。

小学生の低学年の時、親戚のタケシおじちゃんから「茶粥婆さん」という不思議な話を聞いた。

道路わきに、岡持《おかもち》の傍らで煙草を呑んでいる婆さんがいて「百円で昼飯食うか？」と呼び掛けてくるらしい。岡持の中には卵焼きや焼き魚に、ラップのかかった茶粥が入っていて、茶粥と好きなおかずを一品選べたそうだ。

そこの婆さんのおかずは普通の味だが、茶粥は茶で米を炊いただけの粥なのに、喩えが思い浮かばないほど美味かったということで、タケシおじちゃんが今日はあの婆さんおらんかなと言いながら、何度か散歩のついでに一緒になって探したこともあった。

私は一度もその婆さんに会うことは出来なかったが、タケシおじちゃんはたびたび会って茶粥を食べていたらしい。

だが、ある時から一緒に散歩に出ても、タケシおじちゃんが茶粥の婆さんを探さなくなっていることに気が付いた。

前はあんなに探して、食べたがっていたのに何故？　とタケシおじちゃんに訊くと、嫌なことを思い出してしまったという表情を浮かべて話しはじめた。

「あの茶粥な、食うと美味いんやけど、残したり、こぼすと不運に見舞われるみたいなんや。仕事仲間連れて、あの茶粥を食べた時に不注意でこぼしてしまった奴のトラックが谷へ落ちてしまったんや。命は取り留めたが後遺症が足に残り、運転が出来なくなってしまってな。

それだけやったら不幸な事故で済むけれど、茶粥を残したりこぼしたもんがな、みんなその日に限って仕事場で怪我したり、帰りにバイクで転んでしまったりと散々な目に遭うたんや」

「それって偶然と違うの？」

「違うと思う。あの婆さん人間じゃないみたいだから。茶粥食べとった時にな、ここの粥を残したら、同僚が事故や怪我に遭うんだけどさあって冗談めかして言ったら、婆さん、急に涙をぽろぽろと落として、すみません……って謝りだしてね、その時、地面に落ちた涙の中に白い、ふやけた米粒のようなものが混ざっとったし。

顔を上げた時に目じりから米が湧き出て落ちるのを見て、これは、人ではない魔物だなと感じた。そこで気分悪くなって茶粥を残したくなったけれど、怪我が怖いから無理して流し込むように食べた。それでご馳走様と伝えて去《い》のうとしたら、婆さんがお詫びに近々いいことありますよと言ってくれてね。

その翌日に札束でパンパンに膨れた財布が道に落ちていたのを見たんやけど、怖くなって拾わなかった。やっぱり得体の知れないものは食べたらあかんな」

タケシおじちゃんから聞いたこの話は印象が強く、今も茶粥を食べるたびにふっと思い出すことがある。

おしょぶ池——(九度山町)

九度山町の勝利寺《しょうりじ》東側にある池には、おしょぶという名の少女に纏わる伝説が残されている。

江戸時代、おしょぶは貧しかったけれど、手先が器用で針稽古に行くのを毎日楽しみにしていた。おしょぶは人から頼まれて、着物や帯などを縫って僅かな金銭を得ていたけれど、美しい絹に触ることが出来るのは仕事と針稽古の時だけで、本人は美しい布は切れっぱし一つ持っていなかった。

そんなある日、おしょぶが勝利寺の針稽古に行く途中のことだった、池の水面に花を散らしたような模様の織り込まれた反物が広がっているのを見た。

なんて美しい反物なんだろうと、おしょぶは見とれ、気が付けば池に手を伸ばしていた。

すると、突然反物が大きな蛇に変わって、おしょぶを咥《くわ》えて池の中に消えた。

後にはおしょぶが履いていた草鞋《わらじ》が片方だけ、脱げてしまったのか池の水面に浮いていたそうだ。

村人が池の周りでおしょぶの名を呼んでも返事がなく、彼女の姿をその後見たものは誰もいなかった。

いつの頃からか、「おしょぶ恋しや、勝利寺の池に　絹が欲しさに身を投げた」というわらべうたが歌われるようになり、村人たちは、少女おしょぶの慰霊のために針供養を行った。

それから、この池に針を投げると、裁縫が上手になると言い伝えられていて、今も裁縫上達を願う。

実際の針だと障りがあるだろうというので、最近は針に見立てた松葉を投げ込み、裁縫上達を願うという話を「紀州むかし語りの会」の方から聞いた。

天狗にまつわる話——(和歌山各地)

◉天狗になった僧の話◉

『紀伊続風土記所載高野山の天狗《てんぐ》の項に「是は鬼魅の類にして魔族の異獣なり」とあるが、「然れども感業の軽重に随って自ら善悪の二種あり、よりて佛塔神壇を寄衛して修禅の客を冥護するあり、又一向邪慢憍高にして悪逆に与し正路に趣ざるあり、当山に栖止するもの佛道を擁護し悪事を罰するの善天狗なり」ともあるから、魔界の種族ではあるが、必ずしも佛法の敵でないことが分る。』

と、文豪・谷崎潤一郎は「覚海上人天狗になる事」という随筆の中で書いている。

僧侶が天狗になった話は和歌山県内には幾つも伝わっていて、面白い。

高野山の明王院《みょうおういん》の如法上人《にょほうしょうにん》は、壇上伽藍六角経蔵《だんじょうがらんろっかくきょうぞう》の堂舎の裏にある昇天の松に登り、生身の人間から、天狗になったという。

その様子を見ていた弟子の小如法は、食事の用意の最中だったが我も忘れて、一緒に連れていってくれと如法を杓文字《しゃもじ》を持ったまま追った。

そして松の木に登る途中で、杓文字を落としてしまい、そこから芝が芽吹いたことから、高野山には「杓文字の芝」と呼ばれる場所が今もある。

昇天の松に登った小如法も師と同じように天狗になり、二人寄り添うようにして天を駆けて行ったそうだ。

◉天狗が建てた寺◉

高野山の金山寺みそと醤油《しょうゆ》の元祖の地ともいわれている、由良町《ゆらちょう》の興国寺《こうこくじ》は何度も火災に見舞われた。

そのたびに檀家の負担は大きく、虚無僧《こむそう》の本山でもあるので、虚無僧達も総出で、寺院を修復再建の為に力を尽くさねばならなかった。

再び火で舐めるように焼き尽くされた寺を見て、虚無僧の一人が「これは人よりももっと大きな力を持ったものに頼らねばどうにもならないのではないか？」と言い出し、寺僧の一人が上州赤城山に天狗をたずね、寺の再建を懇願した。

すると辺りが昼だというのに雨が降るような音がして真っ暗になり「村人全員が灯りを消し、戸を閉ざし、誰も我々の姿を見ないと約束出来るならどうにかしてやろう」と声が木々の間から響いた。

やがてある日、ざああっと風もないのに村の周りの木々が揺れて葉音を響かせたので、これは天狗が来る合図だと思い僧達は皆、村人に今夜は灯を消し、戸を閉めて家に閉じこもるようにと伝えた。

真っ暗な闇の中、村人も僧も一晩中、外からしきりに羽根の音や、下駄が駆けて行くような音が聞こえ、気配が行き来する中、決して灯りを点けることも、外を見ることもしなかった。

翌朝、立派なお堂と伽藍《がらん》が建っていたが、鉋屑《かんなくず》一つ落ちてはいなかった。

それからというもの、天狗が修復した寺ということで、興国寺へ参拝する人も増え、檀家も寺僧もほっと胸を撫でおろしたという。

興国寺が、何度も焼けてしまったのは、寺を開いた法燈国師《ほっとうこくし》の「法燈」の字が「水が去って火が登る」となっていたからだと言われている。

◉天狗に堕ちた僧の話◉

奈良の金峯山の吉野大衆の僧兵が高野山に押し寄せて来た時、覚海上人は「我、魔道に堕ちようとも祖山を守ろうぞ」と声を上げて、伽藍中門の扉に爪を立てた。するとと、扉が上人の羽になり昇天して天狗の姿となった。乱入してきた吉野の僧兵らは、天狗の妖力によってその場で急死した。

高野山の増福院の蔵には天狗に関する古文書と天狗の頭蓋骨がある。その頭蓋骨は覚海上人の物と言われている。

高野山の不徳寺の僧侶は明治七年に、海に入り天狗に身を変えて、山火事が起こるとどこからか舞い降りてさっと消して去って行った。

寺の近くに住んでいた北口将宣《きたぐちまさのぶ》さんは、祖父がその天狗から青い酸漿《ほおずき》を貰ったことがあるという話を聞かせてくれた。

天狗が人間のフリをしていた話も伝わっている。

高野山の金剛三昧院《こんごうさんまいいん》の毘張《びちょう》という僧侶は、證通上人に惚れこんで、人の形となって仕えていた天狗であった。

奥の院に證通上人が参った時にざあっと雨が降ったら、羽根を広げて上人が雨に濡れないようにし、雷が光れば近くに落ちないように、雷を曲げたそうだ。

数年の間、毘張は上人に仕えた後に、高野山の六本杉から天狗の姿に戻り飛び去って行った。

その後、毘張は火災や盗難除けの神として祀られお堂が高野山内に建てられた。

今は、毎年十月十日前後に毘張の祭りとして大般若転読法要《だいはんにゃてんどくほうよう》を修している。

護摩壇山《ごまだんざん》には、人が天狗になる時に登る天狗杉があった。

時々、夜になると杉の先に灯りがともって見えることから灯明の松とも呼ばれていた。

大正七年に八人がかりで、その杉を切り出したところ、毎年一人死に、二人死に、三人死に……最後に残った二人がこれは杉の祟りではと噂し、高野山に祈祷をしてもらえば助かるのではないかと相談しあった。

そして祈祷に行こうと決めた日の七日前に、二人して山の麓で木に逆さ吊りになって亡くなっていた。

◉天狗松◉

海南市の福勝寺《ふくしょうじ》の近くにある裏見の滝側に、天狗が棲む大きな天狗松と呼ばれる松が茂っていた。

太平洋戦争中に国家総動員で取り組まれた松根油《しょうこんゆ》運動の影響で、天狗松も伐ることが決まってしまった。航空機用のガソリン代わりの松根油を作る為に、樹齢四十年を超える松の木は伐るようにという報せがあったからだ。

国のためだから天狗様もきっとお許しになるだろうと、松脂《まつやに》を取るために松根を掘ろうと男が二人地面を掘り始めて直ぐに、白い泡を蟹のように、ぶーっと口から吐いて卒倒してしまった。

そんなことがあって、陸軍省、海軍省、農商省、全国農業経済省総動員での活動で行っていた松根油集めで、当時国の命令は絶対的なものだったが、それよりも天狗の祟りの方が恐ろしいということで、山に入り別の松の木を新たに見つけて、松脂を採取して提出したらしい。

和歌山県内の他の場所でも、天狗松を伐って祟りで死んだ人や、箸を目に突っ込んで失明してしまった人の話が太平洋戦争中にも存在したそうだ。

◉天狗攫い◉

天狗に纏わる話が多く残る土地だからだろうか。

人が天狗に攫《さら》われて戻って来たという話も和歌山県内には多く残っている。

「怪異伝承データーベース」によると東洋大学民俗研究会発行の『南部川の民俗』（一九八一年刊行）に三里《さんり》ヶ峰《がほう》の天狗に捕られて、行方不明になった人の情報等が載っていた。

「天狗に五分十分程攫われたって話であれば、体験者は大勢いました。わたしも体がふわっと五メートルほど浮いて、怖いって思ったら見慣れぬ場所にいて、小一時間ほどしたら、元居た場所に戻っていたということがありました」

そう語ってくれた、みなべで民話蒐集をされている、秋山志甫さんからこんな話も聞いた。

「明治の頃のお話です。荷運びの猪牙船《ちょきぶね》の船員でゴロウという男がおりました。

紀州、瀬戸内海、九州などの小回しの海運において、猪牙船は重要な役割となっていまして、これからちょき乗りに行く、お前ちょき乗ってくれと言う言葉を聞くことがよくあったそうです。

そんな猪船の船員ゴロウがある日、運航中にふっと居なくなってしまいました。水音はしませんでしたが、きっと船から落ちて溺死してしまったんだろうと、仕事仲間が家族にゴロウの死を告げました。

すると、死体もないのは可哀そうだとゴロウの兄が言いまして、周りに頼み込んで地曳網を数面引いたけれど見つかりませんでした。

沖に流されてしまったのだろうと皆が説得して、兄はゴロウの遺体を見つけることを諦めたそうです。

それからしばらくして、兄が弟がかつて乗っていた猪牙船に乗っていましたらドンっと大きな音がしまして、見るとゴロウが顔面蒼白で呆然と佇んでいたそうです。

兄は泣いて弟との再会を喜び、今までどこに行っていたのかと聞くと、船の上で温かい風が吹いて目を閉じろと誰かから命じられた。

言われた通り目を閉じたらまた、温かい風が吹いて体を包んで体が空を浮いているのが分かった。

怖かったから殆ど目を瞑っていたが、薄目を何度か開けてみると眼下に山や海が見え凄い速さで通り過ぎていった。

どうしてこんなことになっているのかと風に聞いたら、我は天狗でお前が気に入ったというようなことを言って、しばらく飛びつづけて気が済んだのかここに返してくれたと言いました。

ゴロウの話を聞いて兄や他の船員たちは唖然としてしまいましたが、目の前に急に現れたのは事実でしたので、嘘ではなく天狗に攫われていたのだろうと思ったのだそうです。

その後、ゴロウは再び船員として働き続けていましたが、翌年とその次の年も、ふっと船の上から消えてまた現れるということがありました。

天狗に目をつけられている人が側にいるのは気味が悪いだろうと言い、結局ゴロウは船を下り、天狗に見つからない場所に行くと言って兄の言葉も気かず旅に出てしまったそうです。

これは古い昔のお話ですが、つい最近ね、令和に入ってからも船の上にいた漁師さんがふっと体が浮いたと思ったら、バシャーンと船から離れた場所の海中に落とされたということがありました。

天狗はそういう悪戯《いたずら》がずっと好きなんでしょうねえ」

妖怪めぬり——（橋本市）

奈良県との県境を流れる落合川にかかる両国橋の辺りは夜になると「めぬり」という正体不明の妖怪が出たという。めぬりに出会うと、歩いている途中、急に眼に何か塗られたように視力を失い、足元や指先さえも見えない真っ暗なのに、なぜか空の星だけは透けて見えるという不思議な現象に出合ってしまうそうだ。

奈良まで行商に行って、戻って来る最中に妖怪めぬりにあってしまった人がいて、空の星以外、急に何も見えなくなってしまった。この辺りには深い谷もあり、無暗に歩き回ると危ないのでどうしたものかと考えていると、小さい頃に「めぬり」除けの呪文を修験者に教えて貰ったことを思い出した。

それは「あぶらあげやる」と唱えることで、口にするとふっと霧が晴れたように辺りが見えるようになった。

何かにぬるっと目の中を塗られるような感覚もあったとかで、めぬりは長いこと昭和の頃まで出て、足元が見えず怪我をしたという人がよくいたそうだ。

節分の鬼――(伊都郡)

花園新子《はなぞのあたらし》の付近に住んでいたというAさんから聞いた話。


物凄い山深いところに、当時はおりましてね、私と母は一緒におられんてすぐに出てしまいましたが、父と兄はずっと同じ集落におりましたね。

近くに石を積んだだけの山神の碑があって、そこで一度幽霊を見て怖かったです。昼間だったんですけど、体の半分がない人が立っててじーっとこちら見ていて、そういうのを見てしまったら気が付かないフリをしていなさいと母から聞いてたから、知らんぷりしていましたが、本当は泣いて逃げたかったです。


集落を出て知ったんですが、節分の風習が他所《よそ》と村で違ったんです。

どう違ったかと言いますと、家族総出で鬼の頭というのを作るんです。

大根を輪切りにしたのを串に刺して、反対側には皮つきの里いもと鰯《いわし》の頭を刺すんです。

それを山道の辻に置いて、家族で歌いながら燃やすんです。雨の時でも必ずやりましたね。濡れた場所でも、石を積んで竈《かまど》を作れば辻で火は熾《おこ》せますから。

歌は「鬼の口焼き頭焼き焼き、目焼き、鼻焼き」というので、近所の人らも辻で鬼の頭を焼いていました。


焼いた後の鬼の頭の灰は、頬に塗ると風邪をひかないと聞いたことがありましたが、塗った人は見たことないです。

鬼の頭を焼いた夜の御飯は、鰯の頭以外の残りの部分をおかいさんと一緒に食べました。鰯に箸をつける前に「これは鬼の内臓だ」と必ず言ってから食べました。

これはおじいちゃんから聞いた話で、他では違うと言われるかも知れませんが、鬼は実は人だったという起源があるっていうんです。

飢餓が酷かった年に、これは鬼だということで皆が食べたと……。鬼になる人は山で籤《くじ》で決めたというような話もありました。ただ、子供を怖がらせるための話かも知れませんが、近くに飢餓の碑も幾つもあったので、もしかしたらそういうこともあったのかも知れません。

白い馬――(日高川町)

日高川町にある和佐《わさ》駅から少し離れた川べりで、今から五十年ほど前に、白装束を纏った時代劇に出て来る落ち武者のような頭をした男が七人、白い馬に乗って「おおおおおうおおおお」と声を上げながら通り過ぎていき、ふっと消えると評判になっていた。

彼らは、亀山城《かめやまじょう》の城主・湯川氏と手取川城主である玉置氏が戦った時に討たれたという玉置氏側の家臣七名の亡霊ではないかといわれた。

その後、どこからともなく巡礼者がやって来て、数日間、誰が頼んだわけでもないのに、辻でお香を炊いたり、読経したり錫杖《しゃくじょう》を鳴らしながら、何か地面に変な文様を描いた。

それ以来、白い馬に乗った七人は現れなくなり、いつの間にか巡礼者もいなくなっていた。

だが、風の強い日などは「うおおおおおお」という雄叫びだけは、まだ聞こえるという人がいて、その声を聞くと迎えが近いという噂がある。

こんにゃく地蔵――（印南町）

畑峰《はたみね》峠に畑峯六地蔵尊（こんにゃく地蔵）が祀られている。

この地蔵にこんにゃくを供えて持ち帰って食べるとぜんそくにご利益がある。

こんにゃく地蔵にはこんな由来があるという。


かつて、この辺りは紀州藩の罪人の処刑場で毎年十二月二十日に刑の執行がなされていた。

その慰霊の為に、地蔵堂を建てたのだという。

刑場にある地蔵がこんにゃく地蔵と呼ばれるのは、処刑された首がこんにゃく糊《のり》で貼り合わせたように地面に落ちませんようにと、打ち首にされる罪人の縁者が願ったからだそうだ。

囚人は苦痛なく首の皮一枚残して斬られる、所謂《いわゆる》抱き首の状態で果てることを願ったのだが、そんなことが出来るのは達人の極一部の処刑人だけだった。

だからこそ、最後にこんにゃく地蔵に縋《すが》るように祈ったのだという。ぜんそくの御利益は首、喉に関する願いを聞き届けてくれるということで、咳封じを願った人がいたのが始まりらしい。

過去にぜんそく快癒祈願のため、この地蔵に大きな握り拳ほどの玉こんにゃくを供えた方から聞いた話によると、座りが悪かったのか、供えたこんにゃく玉がごろんと地面に転がって落ちてしまった。その時、こんにゃく玉が一瞬だけ、人の生首のように見えたという。

鎌八幡宮——（かつらぎ町）

丹生酒殿《にうさかどの》神社の横を通り石段を上がると、鳥居の向こうにビッシリと鎌が打ちこまれた大木がある。

賽銭箱には赤い「心」の一文字。

ここが鎌八幡宮《かまはちまんぐう》ですよと、北川央さん達に言われて木を見て、その異様な光景に思わず肌が粟立ってしまった。

「木に深々と刺さった鎌を見てぎょっとする気持ちは分かりますが、ここに打ちこまれている鎌は私怨によってではありません。『荒打鎌』と呼ばれている、無病息災や子宝、受験への願掛けなどポジティブな内容を願うもので、他人への恨みや縁切りを唱えるものではありません。大阪天王寺の鎌八幡はここの信仰を契沖《けいちゅう》阿闍梨《あじゃり》が持ち込んだそうです。鎌が樹に深く入り、木に飲み込まれれば願いが叶うといわれていて、逆に鎌が木から抜け落ちてしまうと、叶わないとされています。平成二十九年から、ご神木を守るため鎌打ちは中止になりましたが、代わりに絵馬が用意されています。絵馬は鎌の刃先のような変わった形になっていて、片面に鎌が刺さった木が印刷されていて、願いを書いて丹生酒殿神社に奉納するスタイルですね」

木を見上げると、どうやってあんな場所に？　と思うような高い場所にも深々と鎌が幾つも刺さっていた。

その日は北川央さんと九度山町役場の方と、松原タニシさんと共に行き、凄い物を見たなという感想で終わったのだが、別の日に地元史を研究しているという安藤潔さんと共に鎌八幡に訪れた。

何度見てもやはり、ずらっと並んだ鎌の刺さった木には圧倒されそうな気持ちになってしまった。ただ、前回の説明を聞いたせいだろうか、天王寺にある縁切りで有名な円珠庵《えんじゅあん》と比べると同じ鎌八幡でも、こちらの方が明るい印象を受けた。

ちなみに天王寺の鎌八幡は絶対撮影禁止で、撮影した場合は撮影機材をその場で没収で、絵馬の文章を読んだり紹介することも禁止されている。

「田辺さん、かつて江戸時代には千丁を超える鎌が木に打ち込まれていたそうです。その様子は江戸後期に描かれた『紀伊国名所図絵』や『紀伊続風土記』にも描かれていますね。その後に、明治維新の神仏分離令に伴って、この場所に遷座されたんですが、その際に神木に打ち込まれた鎌を一つ一つ手で、抜き取って新しい神木へと打ち直したそうです。だけどその作業に当たった人が、病や怪我で次々と命を落としていったそうで……。それがまた神様の力があると感じた方が多かったのか話題を呼んだそうですね。当時近くの参道には、鎌ばかり売る店もあったともいわれています」

安藤さんは鎌八幡の由来を話し終えた後、賽銭箱に五百円玉を一つ入れて熱心に手を合わせていた。失礼かなと思いつつも何をお願いされていたんですか？　と聞いてしまった。するとと安藤さんはポッと真っ赤になって小さな声で「実は婚活中なんです……」と答えてくれた。

丹生酒殿神社の境内には、世界で初めて全身麻酔による乳がん手術に成功した華岡青洲《はなおかせいしゅう》が、天保五年（一八三四）七十四歳の時に寄進した石灯篭がある。他にも、秋になると金色の葉をいっぱいにつける銀杏の大木があり、それがＳＮＳで一時期大変話題になったそうだ。後日聞いた話によると、絵馬に「丹生酒殿神社がネットでバズりますように」と書いた方がいたそうなので、そのご利益のおかげだったのかもしれない。

そして、安藤さんからは結婚の報せを年賀状で受け取ったので、霊験あらたかな場所なのだろう。

賽銭泥棒――（和歌山市）

宮前駅《みやまえ》から歩いて三十～四十分くらいの場所にある、瑞林寺《ずいりんじ》にある阿弥陀如来像は、明治頃に賽銭泥棒が入ったのを住職に全身から汗を噴き出して知らせたという変わった話が伝わっている。


平成二十、二十一年頃、和歌山全域で賽銭泥棒の被害が相次いだ。

賽銭箱の鍵が壊されるだけでなく、賽銭箱ごと盗まれるといった被害もあった。

こういったことから、神社の修繕費等を賽銭箱から工面していたけれど、これからは賽銭箱を撤去し回覧板で寄付を呼び掛ける形式にしようという宮司や自治体も出てきた。


しかしある月から犯人が逮捕されたという報せもないのに、ぱったりと賽銭被害は無くなった。

それだけでなく、盗んだ賽銭を返却した者もいたらしい。

松ヶ丘に住むUさんから聞いた話なのだが、血塗《ちまみ》れの軍手が落ちていてその中にぎっしりの小銭と畳んだ千円札が二枚程入っていたり、封筒の中にお金と一緒に入った手紙に「ぬすんでごめんなさい」と書いてあったという。

「あとねえ、どこかの宮司さんが、泥棒の家の天井からぽたぽた汗臭い液体が、滴り落ちてきたから、なんやと思って見上げたら観音さんだかが睨んでた。だから返しに来ましたって人が来ました。正直言うと、神様や仏様も盗まれて罰も当てなくてふがいないと思っていたんですが、やっぱり何かしたら祟りだか怖がらせることはしていたようです」

Uさんは言いながら、愉快そうな笑みを浮かべていた。

盗まれた仏像――(和歌山各地)

お寺の仏像を盗んだ窃盗団の夢の中に仏様が立つ、寝ていたら仏様に踏んづけられた、四肢を仏様に押さえつけられ、あまりに恐ろしくなり出頭した、という話が大正時代に白浜に伝わっていたそうだ。

だが時が移り変わり、仏像の霊力が弱まったのか、それとも人が神仏の力を気にしなくなったのか、平成二十二年は和歌山県では仏像の盗難が相次いだ。

特に岩出市や紀の川市が酷く、六十体以上が盗まれ、和歌山県全体では六十か所以上、分かっているだけでも百七十二体の仏像が盗まれた。

まだ小説家としてデビューする前、一人で妖怪の伝承地をめぐる旅をしている時に「ハマブランカ」という観光地近くに住んでいた老夫婦から、仏像の盗難に纏わる話を聞いたことがある。

老夫婦の息子が友達とどこかの神社にお参りに行った時に、息子の友達だけが、鳥居の前まで行った時に、恐ろしい力でゴム膜で弾かれるように、どんっと背をついて地面に倒れてしまい、鳥居をくぐれなかった。

何度やっても鳥居がくぐれず、変だなと言いながらその友達は車の中で待つことになった。

お参りを済ませ、息子が車に戻ると友達は毛布に包まって、がたがた震えていた。息子さんがどうしたんだと聞くと、友達は一言「トランク」と答えた。

不思議に思いながらも、具合が悪くて取って欲しい物が車のトランクに入っているのかと推測して、鍵を受け取ってトランクを開けた。

すると、新聞紙に包まれた古そうな仏像が入っていた。

それ以外はトランクには何も入ってなかったので、息子さんは友達に「こんなの入っていたけれど、どうしたらいいの？」と聞いた。

すると相変わらず毛布を被って震えていた友達は「鳥居のところに戻して」と言った。

訳が分からないなと思いながらも、新聞紙に包まった仏像をトランクから出して頼まれた通り、鳥居の側に置いた。

このままでいいのかな？　とも思ったそうだが青い顔でぶるぶる震え続ける友達が不安だったので、車に戻った。

友達はさっきよりは幾分か体調が良さそうに見えたが、今日はもう帰ろうと言ったので、帰りは息子さんが運転して家まで戻った。

後日、息子さんはあの仏像は盗難したものではないかと思い、友達に電話をしたが出なかった。不安に思い、家に行くと片手に包帯を巻いた友達が出て来た。

どうしたのかと聞くと、電気ポットで沸かしたお湯を手に直接かけて大火傷してしまったということだった。

息子さんは、昨日の仏像は盗難したものかと、友達に早速聞いた。

すると相手は、度胸試しにと兄に言われて仕方なく持って帰ったもので、いつか返すつもりでいたこと、正直車の中にあってずっと気味が悪いし、申し訳ないと思っていたと告白した。そして、この火傷ももしかしたらうっかりミスではなく神罰ではないかと思っているということだった。

そういえばあの鳥居前に置き去りにした仏像は手が欠損していたことに、友達の家から出てから、息子さんは気が付いたそうだ。

あの夫婦がどうしてこんな話を、当時怪談を集めているると言ったわけでもないのに、何故話してくれたのかは分からない。

知り合いの和歌山県内で働いている学芸員に聞いたところ、仏像被害は平成の終わり頃は防犯意識が高まったせいか収まり、令和に入ってからは特に聞かないそうだ。

小山塚の悲劇――（和歌山市）

天正十三年（一五八五）に根来・雑賀衆制圧のために、羽柴秀吉《はしばひでよし》は十万以上もの兵を率いて紀伊国に攻め入った。

夥《おびただ》しい血が流れる戦いの末、根来方の残兵は当時最強の鉄砲隊といわれた雑賀衆のいる太田城《おおたじょう》に立てこもった。

太田城は紀の川の守りもあって、難攻不落の城として知られており、秀吉方の斥候隊《せっこうたい》も渡川しようとすると鉄砲で次々と撃たれてしまった。

正面からの攻撃では城を落とすのは不可能と考えた秀吉は、水攻めを行う事に決めた。

一説によると四十六万人以上の工夫を集め、川の水を止めるべく城を囲むように、幅三十メートル長さ約六キロにも及ぶ堤防を、たった六日間で築き上げた。

日本三大水攻めと言われる攻防戦で、水で囲まれたことにより浮き島状態になった太田城を秀吉は中川藤兵衛《なかがわとうべえ》に安宅船《あたけぶね》で攻めさせたが、太田城からは兵の中で水泳の名手を選び、船底に穴をあけ沈没させ、また押し寄せる攻城兵には鉄砲で防戦した。それによって多くの溺死者を出し、一時は膠着《こうちゃく》状態だったが、一か月になる籠城によって食料や矢や鉄砲の玉や火薬も尽きてきたことによって、同年四月二十四日、蜂須賀正勝《はちすかまさかつ》・前野長康《まえのながやす》の説得に応じて、城主の太田左近《さこん》が降伏を決意した。

降伏の条件は、太田左近以下五十三名の自害であった。

自害した者の首は晒《さら》された後に埋葬された。その場所が小山塚で、近隣にある来迎寺がかつての太田城の本丸に位置すると伝えられている。

今は住宅地で当時の城跡や、戦の痕を見つけることさえ困難だが、塚の近くでは白く膨らんで爛れた生首が飛ぶのを見たという話を聞いた。

白く膨らんでいたのは埋葬された者ではなく、もしかしたら溺死したもののふの霊だったのかも知れない。

他にもこういった歴史のことは全く知らなかったけれど……と言って、この辺りで青白い火を見たという妙齢の女性に「和歌山文芸フェスティバル」の会場で会った。

その方は、青白い火が何故かとても勇ましく戦っているような印象を受けたので、この辺りに軍人さんが亡くなるような謂れがあったのかしらと図書館で調べて、秀吉の太田城の水攻めを知ったらしい。

「だからでしょうか。青白くって勇ましい火がね、顔をしゅんって掠めた時に、ごぼごぼとお風呂場の水みたいな音がしておかしいなって思ったの。あれって溺れて亡くなった方だったんでしょうかね。では、さえな(さよなら)」

女性はそう言って、私の前から去って行った。

浮島の森――（新宮市）

風が吹けば動く島が、新宮の市街地に存在している。

何故島が動くのかというと、水の上に浮いているからで、通称浮島の森と呼ばれている。正式名称は「新宮藺沢《いのさわ》――浮島植物群落」で、水辺に生えていた植物が朽ちて水面に溜まり泥炭となり、その上に植物の種子が育って現在の島のようになったそうだ。

昭和二年（一九二七）に国の天然記念物に指定され、珍しい植物が生い茂っている。

そんな浮島には〝おいの〟という娘に纏わる伝説が残っている。


昔、浮島の森の側に〝おいの〟という娘が父親と二人で住んでいた。

ある時、父と共に島に薪を拾いに来たおいのは、弁当を食べる箸を忘れてしまったことに気が付いた。

おいのは箸の代わりになる〝カシャバ（アカメガシワ）〟の枝を求めて、島の森の奥へ一人で入っていった。

ところがいつまで経っても戻ってこないので、父はおいのの名を呼びながら森の奥へ行くと、一匹の大蛇が娘の体を呑んでいる最中だった。父は必死になって助け出そうとするが、蛇は娘の体をずるんと全て飲み込み、沼の穴に沈んでいった。

今でも、おいのを飲んだ蛇が逃げ込んだという〝蛇《じゃ》の穴《がま》〟と言われる場所が島の森の中にある。この伝説をモチーフとして書かれたのが、上田《うえだ》秋成《あきなり》の『雨月物語』に収められた「蛇性の淫」だそうだ。

浮き島の周りの沼はどれだけの深さかは分からない。

近所の人に尋ねてみたところ三十メートルほどではないか？　と答える人もいた。

沼は濁っているせいか、もしここに落ちてしまったら見つからないだろうと言われていて、昼でも茂った木々や草のせいで薄暗いせいだろうか、地元では心霊スポットとしても知られているということだった。

だが、ここでおいのの伝説以外、誰かが亡くなったという情報はないそうだ。

かつてこの近くに熊野比丘尼《くまのびくに》と呼ばれた僧形の女性芸能者の修行地があったという人がいたので調べてみたが、よく分からなかった。

熊野比丘尼が蛇を惑わして穴から呼び出して、妖術を使って退治したというエピソードらしいのだが、関連する資料は今のところ見つけられていない。

初めてこの浮島の森に訪れた時は、住宅地の中に急にパッと森が唐突に出現するので、驚いてしまった。

蛇の穴も覗き込んだが暗く、今も何かが飛び出て来そうな気配を感じた。

おくびさん——(御坊市)

天保十年(一八三九)、吉平という若者が畑を耕していると、鍬《くわ》の先が固い物に当たった。大きな岩でも埋まっていたのだろうかと、しゃがみ込んで吉平が見るとそれはどうやら石棺のようだった。

面倒な物が見つかったなと思ったが、敷地内で開墾出来る場所は限られていたのと、石棺には鑿《のみ》の痕があったので何かに使えるかもしれないと、吉平は一人で掘り出した。

全て掘り出すのは無理だったので全体の上、三分の一くらいしか土の上に出すことが出来なかったが、それでも石棺の蓋は開けることが出来そうだった。

だが、指をかけても石棺の蓋はビクともせず、よく見てみると蓋の隙間は松脂で固められていた。

なので、吉平は火で炙って溶かして、開けた。もしかしたら村上水軍の隠した宝ではないかという期待もあったらしいが、そこにあったのは、まるで眠っているように見える木乃伊化した男の首だった。

髪は首まで垂れ、周りには青みを帯びた丸い小石が敷き詰められていていた。吉平は、ただただ驚き、大声を挙げて、村人を呼び集めた。

村人は、身分の高い人の亡骸に違いないだろうと木乃伊化した首を丁寧に布でくるみ壺に収めて、観音寺の境内にある延命地蔵尊側の木に安置した。

すると、その延命地蔵尊の名がいつの間にか「おくびさん」と呼ばれるようになり、首から上の怪我や病気にご利益があるという話が広まった。


その後、このおくびさんは誰なのだろうかと調べる人がいて、どうやら有間皇子《ありまのみこ》の事変に関係ある人ではないだろうかということになったそうだ。

何故身分ある人の首だけが、石棺に厳重に葬られたのかは分からない。

首が回らなくなった人を救うという噂もあり、借金で苦しんでいる人や、商売をする人が手を合わせに遠方から訪れることもあるそうだ。

今も地元では「おくびさん」の名で呼ばれ、石棺が見つかった四月に縁日として毎年供養祭が行われている。

死霊詣で――(熊野古道)

死者の霊魂が詣《もう》でるといわれる寺がある。

それは那智山系にある妙法山《みょうほうさん》の山頂近くに建つ妙法山阿弥陀寺《あみだじ》で、人は死ぬと体から魂が抜け出て、枕元に供えられたシキミを一本持って、この寺を詣でるそうだ。

その後、釣鐘を一つだけ撞いてから、持ってきたシキミを妙法山山頂に建つ奥ノ院・浄土堂に供え、それから大雲取越えの山路を歩いていく。

これを、亡者の熊野詣でという。


娘さんを亡くした仁井千賀子さんが、八年前に熊野に行った時、さっきまであんなに周りに人がいたのにふっつりと人通りが途切れてしまい、一人少し心細い思いで汗をかきながら歩いていた。季節は初夏の頃で、一人で三十分ばかり歩いた頃だろうか霧が出て来たので立ち止まって休むことにした。

「お暑いですねえ」

霧で気が付かなかったのか、側に白い浄衣に脚絆姿の女性が立っていてこちらに向かって微笑《ほほえ》んでいた。

綺麗な人で女優の誰かを思わせたが、誰に似ているとか特定の名前は出てこなかった。

「お一人ですか?」

仁井さんが頷くと、白い浄衣の女性は「ならばご一緒に」と誘い、二人して山路を歩いた。

途中、躑躅《つつじ》が咲き誇っている辻があり、それを見て女性は「まるで血を吐いたように赤くて美しいですね」と言い、仁井さんも「ええ、そうですねえ」と返した。

歩くうちにだんだんと、なんだか歩きながら眠っているような心地になり、仁井さんは横にいる女性に「ここはどのあたりですか?」と聞くと「あっ」と声を出して、目の前で糸が解けるように消えてしまった。

そして霧も晴れ、浄衣の女性が持っていた杖の鈴の音だけがりんりんと鳴って先の参道を駆けあがって行ったそうだ。

なんだったのだろうか不思議に思ったが、まだ半分夢うつつの状態だった仁井さんは道を一人で歩き続けお堂についた。

するとその時ボーンと鐘が二つ鳴って、手にいつの間にかシキミを二本握っていることに気が付いた。そこで、仁井さんは途中まで一緒に歩いていた人は亡者だったと気が付き、鐘の音が二つとシキミが二本だったのは、さっきの浄衣の女性と娘によるものだろうと思ったそうだ。

その理由はというと、昔から阿弥陀寺の鐘は人がいない時にぼーんと鳴ることがあり、そういった時は死者が鳴らしたと言い、山にシキミが生い茂るようになったのは死者が植えたからだと言われているからだ。

阿弥陀寺から本宮へと続く「大雲取越《おおぐもとりごえ》・小雲取越《こぐも》」の道は「死出の山路」と呼ばれていて、道行く人はときに、亡くなった人の魂に出会うことがあるいう。「死出の山路」と呼ばれた「大雲取越・小雲取越」のその道中には「亡者の出会い」と名付けられた場所もあり、すれ違う人の顔を見ると、かつて亡くした親しかった方だったという話は怪談蒐集中に幾つも聞いた。

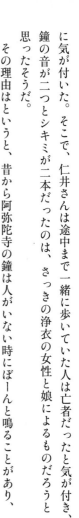

笑い祭り――（日高川町）

和歌山民話の会、会員のOさんから聞いた話。

「奇祭として今は有名で、色んなメディアにも取り上げられるようになった『笑い祭り』ですが、昔は地元の人だけが知る、ひっそりとした祭りでしたよ」

「笑い祭り」は白塗りの顔に真っ赤な紅で、顎に鳥居、頬に笑の字を書いた笑い主の鈴振りが「わっはっは」「エーラクシャ（永楽・夜は楽じゃの意）、笑え～笑え！」と笑いながら練り歩く、日高川町の江川丹生《にう》神社の奇祭だ。

毎年十月に行われており、由来は神話時代にまでさかのぼるという。

神無月の出雲国で行う神々の集いに参加するはずだった〝丹生都姫命《にうつひめのみこと》〟が当日朝寝坊をしてしまった。姫神は慌てて出雲に向かったが、支度が充分でなかったせいか、はらりと纏っていた腰巻の紐が解けて落ちてしまった。

そのことを恥と思った姫神は塞ぎこんで社に閉じこもってしまった。それを見かねた氏子が元気を出してもらおうと「笑え、笑え」と異様な姿で社殿に現れ、姫神を慰めたというのがこの祭りの始まりだそうだ。


「鮮やかな衣装で、真っ白な顔がね、言っちゃあ悪いですけど、ホラー映画に出て来るピエロみたいで恐ろしくてしかたなかったんです。だから、白塗りの笑い男が町を練り歩く姿を見るのが嫌で、祭りの季節は憂鬱でした。

でも、まあ化粧を落とせば普通の人がやっているというのは当然知っていたわけですから我慢出来たんですけどね。

ああ、あなたに話していて思い出しました。『笑い祭り』が苦手になった切っ掛けとなった不思議な出来事が実はあったんです。小さい頃、祭りの日の夜にお風呂に入ろうと、脱衣所で裸になって、さあ湯船に入るぞって、お風呂場に通じるスライド式のドアを開けたら、お湯を張った風呂釜の上に、真っ白な顔が浮いていて『笑え、笑え』って言ってたんです。

『おかあさあああん』って怖かったから、呼んだら、母が飛んで来てくれました。

私はあの時、叫ぶみたいな声で呼んだから、母はさぞや心配だったと思います。

母は白い面を見るなり『何これ、いやあだあ』ってな風に私と同じように叫びましてね、うちの家は女ばかりの所帯で、当時伯母と祖母とも一緒に暮らしてて、祖母が今度は来てくれて、白い面を見るなり、わっはっはっはっはっと大きな声で笑って、割烹着のポケットからマッチを取り出して、シュッと擦って火を点けたんです。そしたら白い浮いてたお面は消えてしまったんです。

それ以来、数年間は一人でお風呂に入るのが怖くって、高校に上がるまで誰かについて貰って入ってました。

あとねえ、祖母は家の御不浄や手洗い場に、時々笑いながら、火を灯した蝋燭を置いてることがありましたね、母は火事になるかも知れないから嫌だって何度も言ってました。

今思い出しても、あれがどんな意味だったのかは分からないですね。説明を聞いたかどうかも分からないです」

国主淵の生き面——(紀の川市)

和歌山内は、面《めん》に纏わる不思議な話が幾つもある。

和歌山県の貴志川町を流れる貴志川には、生き面に纏わる奇談が残る。


酷い日照りが続いた年があり、貴志川も干上がってしまい、新しい井戸を掘っても塩気が混じっていて使えなかった。毎夜、雨ごいの為に山で火を焚き太鼓を叩いたが一滴の雨も降らず、このままでは村の人々は渇いて死を待つだけという状態になってしまった。

しかし、辺りに一か所だけ水が溜まっているところがあった。

川辺にある国主淵《くにしぶち》である。

しかも底は竜宮に続いていて、その穴を塞ぐものを取り除けば、水が幾らでも湧き出て来るという伝承があった。だが、国主淵のヌシは大蛇で、かつて生贄の娘を大勢呑んでいたこともあって、村人はそこの水だけは忌避していた。

ちなみに現在も貴志川町の大國主神社で続く奇祭「大飯盛物祭《おいもりものまつり》」は熱気球のような形

の山車《だし》に、住人総出で餅を搗《つ》いて六千個以上を丸め、大きな握り飯に見立てた盛物で、生贄として差し出していた娘の代わりとして鎌倉時代に始まったそうだ。どんなに年貢が苦しくとも、餅を大量に搗いて山車を作り、淵に生贄の代わりとして沈め続けたというから、それだけ恐れが強かったのだろう。

どうせ死ぬなら蛇に傷痕を残して死んでやると、村の中から肝が太いことで知られる桜井《さくらい》刑部《ぎょうぶ》という男が国主淵に潜って行った。

そして淵の底で、竜宮につながる穴を塞いでいたのは主と思わしき龍だった。龍は刑部を一呑みにしようと襲いかかってきたが、刑部は持っていた国次《くにつぐ》の名刀を突き立てた。淵で龍は暴れに暴れ、水は血で赤く濁った。だが、淵から龍が退いたことで水が湧き出て、川に流れだし、龍は穴から竜宮へと帰って行った。刑部が陸に上がると、水面に無数の面が浮かびあがった。面の一つは刑部の携えていた国次を歯で噛み、淵に沈んだ。

刑部は刀を取り返すべく、淵に潜って探したが見つからず、あれだけびっしりと淵を覆わんばかりに数多く浮いていた面はどこかに消え去っており、三つだけとなっていた。

その三つの面は、鬼、三番叟《さんばそう》、翁《おきな》の能面だった。

その後も刑部は刀を求めて毎日淵へ通い続けたが見つからず、七日後に急死してしまった。

三面のうち一つは高野山へ納め、一つは貴志川町の橋口家が保管し、残る一つは虎伏山《とらふすやま》の竹垣城（和歌山城）の城主・浅野氏に献上された。

その後、貴志の村が、日照りに苦しんでいる時に、橋口家の当主がこの面を被って舞えば、直ぐに空が曇り天を裂くような雷鳴と共に大雨が降った。

だが、面は橋口家当主でない者が被ってしまうと、面の精気に当たって必ず病むという。浅野氏に献上した、翁《おきな》の面は紀伊国守、徳川侯に伝わり家臣が何人も被ったが、最後まで能を舞い終える者はなかった。

所蔵されている面は生き面と呼ばれ、今も橋口家に秘蔵されているそうだ。

鬼面の懸想――(和歌山市)

花園村中越(現・かつらぎ町)にある遍照寺《へんしょうじ》には、角の欠けた鬼女の面が伝わっている。

和歌山県が刊行した『紀州民話の旅』によると、むかし、志賀から中越へ働きに出た五平という若者がいた。ある夜の夢枕に現われた鬼面のたのみで、五平は遍照寺から持ち出した面をつけ、志賀の里で催された「般若の舞い」を舞ったそうだ。

ところが五平に恋をした鬼面は、五平の顔から離れず、嘆き悲しんだ五平は、大隆寺の古井戸に飛び込み、面の角は、そのとき井戸の縁に当たって欠けてしまった。

かつては六十一年ごとに、遍照寺で奉納された「仏の舞い」の主役だった鬼面も、そんな事件があってからはしまいこまれることになった。いま、村のあちこちで舞われる「仏の舞い」には、かつての相方だった太郎の面だけが使われている。

仏の舞は平安時代から始まったと言われ、次回は令和六年に奉納される予定だそうだ。

面の森――(上富田町)

これは上富田町《かみとんだちょう》在住のTさんの体験談だ。


いつだったか山に登りに行った時のことなんです。

私はこれといった有名な山に登りに行くんじゃなくって、県内をドライブして登山道を見つけたら登っていくっていうスタイルで山を楽しんでいるんですよ。

小一時間程ドライブして見つけた登山道の入り口があったので、駐車スペースを探して丁度良い場所があったので、そこに止めて、山に登ったんです。

入り口は藪《やぶ》だらけで、下草も生えていたし蜘蛛の巣も張っていたから、そんなに期待していなかったんですけどね、軍手で草木を掻き分けながら進むと、少し開けた場所に出たんです。それが、凄く綺麗で橘《たちばな》の花が一面に咲いていて、誰かが植えたのか夏蜜柑がぼろぼろとたわわに実っていて、近くに透き通った水が流れる小川がありました。

周りには誰もいないし、空は青く晴れていて、いいなあここ、いい場所見つけたなあって思って、一度リュック下ろしてお茶を飲んでいたんです。

そして十数分休憩してから、登山道を辿っていくと、遠くの場所に白い標識が一杯ついた木が何本もあるのが見えたんです。

なんだろう、ここより先は行くなって印か何かかなって、近くに寄ったら、それは標識じゃなくって全て、能面だったんです。しかも小面《こおもて》。作者が違うのか、表情や雰囲気は面の一つ一つが違っていて、それも不気味でした。

なんで木に、誰がこんなことをしたんだろうって、触れてみたらUの字形の釘みたいな物でガッツリと打ち付けられているのが分かったんです。

面の数を、その場で数えたらだいたい二十くらいありましたね。

木の持ち主が、獣除けに面をもしかしたら付けたのか、それとも一種のアートかなと考えたんですが、分からなかったので、先に行こうとしたら「一つ、うって下さい」って声がして、振り返ったらジャージの上下を着た、二十代の半ばくらいの女性がいたんです。

靴は長靴で、泥がついてましたが、山にいるような姿じゃないし、だいたい声をかけられるまで、全く存在を感じなかったんです。

「何が欲しいんですか？」って聞いたら「これを一つうってください」って、釘と小面の面を渡されました。それで「売って下さい」でなく「打って下さい」ってその人は言っているんだなって分かったんです。

その面と釘を受け取ったら、次はトンカチを渡そうとしてきたんです。だけどどうしてか、面をね、木に打ち付けたらとんでもないことになりそうな気がしたせいもあって、その女性に「あなたが打ってくれません?」って頼んでみました。

そうしたら女性は「見本に一つだけつけるので、次はあなただけで打って下さいね」って言って、トントンと釘で面を木に打ち付け始めたんです。

その間に私はそこから逃げてね、もうあの場所には二度と行かないって決めたんです。

この話を、インターネットのオカルト情報が集まる掲示板に書いたら、自分も見ましたって人が出て来たんです。その人は面の顔が小面じゃなくって怨霊の面だったり、男面だったりしたみたいで、なんでも面の種類によって、吉か凶かが分かるとか山で出会った人に言われたそうです。特に、何かそれ以外あったわけじゃないみたいで、他にも見たという人に、その人も出会ったことがあったそうです。

面を打って下さいと頼んでくる女性から逃げてから、四年ほど経った頃に急に父が亡くなりまして、その時にうちの庭にね、半分に割れた小面が落ちていたんです。

それがとても気持ち悪くって、拾って直ぐに捨てました。

炎の目印——（由良町）

由良町《ゆらちょう》にある開山興国寺《かいさんこうこくじ》には日本一大きな天狗の面が飾られている。日によって、天狗の表情がわずかに違って見えるというが、私は何度もこの天狗の面を見ているけれど、その差に気が付けたことがない。

かつて、境内の森にはおびただしい数の天狗が棲んでいたという興国寺は、鎌倉幕府三代将軍・源実朝《みなもとのさねとも》の近臣であった葛山《かつらやま》五郎景倫《かげとも》が開祖だ。景倫は実朝暗殺の後に高野山で出家し、名を願性《がんしょう》と改め、同じ近臣であった鹿跡二郎が掘り出したという主君の頭骨を預かり、供養に勤めていた。

この出家を知った実朝の母・北条政子《ほうじょうまさこ》は、願性の生活費として日高郡の由良荘地頭職を与え、同荘内に西方寺《さいほうじ》を創建。その後、西方寺は宋から帰国した僧・覚心《かくしん》を招いて臨済禅寺院となり、南北朝時代に後村上《ごむらかみ》天皇より「興国寺」の寺号を与えられ、今日に至る。

この寺領に住む天狗たちがかつて山の杉の木の上に妖力で火を灯して、ここに逃げろと示して、暗闇に逃げ場を失っていた多くの人々を津波から救った伝承が残っている。

同じ和歌山県内に伝わる、目印として稲むらに火をつけて津波から人々を救った「稲むらの炎」の濱口梧陵《はまぐちごりょう》は、この伝説を知っていて、稲に火を放って人々を救ったのではないかという説があるらしい。ただ、この説には時期的な矛盾がやや存在する。

稲むらの炎は小泉八雲《こいずみやくも》が「生ける神」として小説に書き、小学校の教科書にも紹介されただけでなく、海外では「A Living God」という物語で広く知られている。

今でも和歌山県内の小学校で繰り返し教わるという「稲むらの炎」の話を折角なので紹介したいと思う。

時は、安政元年(一八五四)晩秋の頃、人々は収穫で賑わい秋祭りの準備をしていた。すると長く、立ってはいられない程の揺れが起こり、村人たちは津波を心配して廣八幡神社に避難したが、これといった被害はなかったので、一旦家に戻ることにした。

ところが翌日の夕方、村人たちが井戸を使おうとしても水が枯れていたり、犬が変に吠えたりと異変が続いた。これは何か災害の先ぶれではないかと思っていた矢先に、どん! っという地響きが起こり、昨日とは比較にならないほどの激しい揺れが起こった。

揺れが収まると、昨日のように何も起こらないだろうと、村人たちが割れた器を拾い、外に出て瓦の破片を片付けようとした時、梧陵は遠くの海に目をやった。

するとどんどん海の水が引いて海底の岩礁が姿を現していた。

津波の先ぶれだと直感的に思った梧陵は、

「津波が来るぞおおおお、みな、山へ逃げろお」

と叫んだ。

しかし道が先ほどの地震で崩れ、日も落ちてしまい真っ暗で、どこに逃げて良いのか分からない人々が多くいるようだったので、梧陵は家に戻って松明を持って叫んだ。

「こっちだ、こっちに逃げて来い！　津波だ！　津波が来るぞお!!!」

しかし、ざあああああっと川が逆巻きはじめ、早くも濁流となって押し寄せる津波に声はかき消され届かない。

「あかん。このままでは、えらいことになる……」

梧陵が次に取った手段は、刈り取られて脱穀を待つ稲むらを燃やすことだった。

一年分の農作業で得た実りが無駄になるとは頭に浮かばなかった。それよりも早く人を高台に誘導しなくてはという思いがそれだけ強かったからだ。

「ここを目印に走って来い、早う逃げろおおお」

逃げおくれた村人が次から次へと火を目指して駆けあがって行くのを見ながら、更に呼びかけを続けていると、津波の第一波が到達し、梧陵は足を掬《すく》われそうになった。

そして、どんどん水位は上がり、次の津波の到来が近いと悟った梧陵は、津波の流れに飲まれないように、自分で放った火を目指して逃げた。

第二波の津波は大きく、梧陵を含む人々が山に駆け上った直ぐ後にやって来て、稲むらの炎も消し去ってしまった。

その後も数回の津波がやって来て、翌朝、村人たちが辺りを見ると何もかもが流されていた。

「命さえあれば、家もまた建てられる。田畑も開墾すりゃええんじゃ」

己を奮い立たせるように言う村人もいたが、現実は厳しく村を捨てる人もおり、家も家族も失ったことで折角助かった命を絶つ者もいた。


このままでは、いつかまた災害がやって来た時に村が滅びてしまう。

そう考えた梧陵は、防災の為に堤防を築く計画を立てた。

梧陵は和歌山の広村と千葉の銚子に、興国寺発祥といわれる醤油造りの蔵を持っていたので、その蓄えを使って、被災者への救済の炊き出しを行い、村人に賃金を支払って堤防を築くことにした。

梧陵が堤防を築く計画を実行に移したのは、翌年二月からで、完成までに四年近くの歳月が掛かった。その間に蓄えていた財の殆どを失い、炊き出しによって備蓄米も空になってしまったそうだ。

昭和二十一年十二月二十一日に昭和南海地震が起こり、四メートルの津波が起こった時にはこの堤防が守りとなったおかげで殆ど被害はなく、昭和三十六年（一九六一）の「第二室戸台風」で石積みが流されるまで百年間、人々を守り続けてきた。


さて、そんな梧陵が堤防を築き終えた後はどんな人生を過ごしたかというと、近代医学の発展や伝染病の防疫に尽くし、医学関係者や施設への寄付や補助を行った。

その後、県議会開設と同時に和歌山県の初代県会議長に就任し。明治十七年（一八八四）にはアメリカへ渡ったが、翌十八年四月二十一日、ニューヨークで客死した。六十六歳だった。

紀州内には幾つも醤油蔵があり、その中の一つが梧陵の先祖である、広村の濱口儀兵衛だった。

儀兵衛は最初、山近くにある儀兵衛の醤油ということで、山笠のマークに「ギ」の文字をあしらったものを暖簾《のれん》の印として使おうと考えていた。

だが、これは紀州徳川家の船の印と同じ形ということに気が付き、恐れ多いので儀兵衛は「キ」を横に倒しにしたところ、「サ」と読めることから、「ヤマサ」を屋号とした。

紀州湯浅の醤油はヤマサ醤油株式会社として、七代目当主・濱口梧陵の意を継いで、現在も様々な社会事業に尽力している。

枕返し――（田辺市）

アニメ『ゲゲゲの鬼太郎』第三期のエンディングを知っているだろうか。蟹坊主の絵から始まる不気味なエンディングで、吉幾三《よしいくぞう》が唄っている。そこでサビの歌詞に差し掛かったところで、眠っている人の枕を持ってぴょんっと飛ぶ不気味な赤い鬼が出て来る。

それが妖怪「枕返し」を知った切っ掛けだった。

ある日、アニメ『ゲゲゲの鬼太郎』を見ている私を見て、寺院の柱に寄り掛かって大叔父が言った。

「枕返しは昔、和歌山の龍神村におったよ。この寺にも昔、出たっていう話は聞いたことがある。枕は魂の宿る場所だからね、寝ている間は魂が虚ろだから、それを妖《あやかし》に持っていかれてしまうと死ぬこともある」

大叔父は涼しい顔をして、手に持っていた硝子《ガラス》の器を私に渡してから、枕返しに纏わる話を続けた。

器の中身は見なくても分かっていた。大叔父が西瓜《すいか》のシャーベットと呼んでいた物だ。なぜかよくわからないが、大叔父は妖怪の話をする時は寺内で育てていた西瓜を切って、種ごとすり潰した物を冷蔵庫で凍らせたものを硝子の鉢に入れて夏場はよく出してくれた。しかも色んな人が出入りする寺だったが、それを食べていたのは私だけだったように思う。作っていた大叔父が口にしている姿を見た記憶は一度として無い。

秋になるとそれは柘榴《ざくろ》になり、冬場と春は梅酒に入っていた青梅を煮てから種を取り出して凍らせて潰したのが出てきた。

「むかしな、役行者が鬼の夫婦と一緒に見つけた湯治場があったんだけれど、長い年月の間にその場所は忘れ去られてしまった。

でも空海が、灘陀《なんだ》龍王《りゅうおう》から湯の場所を夢で告げられたことから、村の名前が『龍神』になった。龍神村から十津川越えをする途中に難所があって、大きな檜があって邪魔だった。

だから小又川の近くに住んでいた七人の杣人《そまびと》が檜《ひのき》を伐ったが、その晩、枕返しに枕を返されて七人とも死んでしまった。七人の枕には木屑がたくさん纏わりついていたそうだ。

しかも、伐ったと思っていた檜の木は翌日、元の姿に戻っていた。

再び木を伐りに今度は八人の杣人が向かった。

あまりにも大きな木だったので、一日では倒せなかったので、途中で伐るのを止めて帰り、翌日に戻って来ると、杣人たちは驚いた。

木の切り口が元通りになっていたからだ。どういうことなのだと、その夜に八人が木を見張っていると、怪しい光が現れて、伐り屑を切り口にぎゅうぎゅうと詰めていた。そして、怪しい光が切り屑を詰めた箇所を撫でると切る前と変わらぬ姿に戻っていた。

そこで杣人たちは、木を伐るときに出た屑をすべて焼き払うことにした。すると今度は元に戻ることなく、木を伐り終えることが出来た。その晩、杣人たちの寝床に枕返しが現れ、枕を返していった。くるり、くるりと順番に返されると、寝息が聞こえなくなったので、これはと思った一人の杣人は一心に般若心経を唱えた。

すると、般若心経を唱えている杣人の枕だけを返さずに、枕返しは帰っていった。

翌朝、彼以外の七人は全員息絶えていて、焦げた木屑が枕にこびり付いていたそうだ」

大叔父は語り終えると、煙草をたもとから取り出して、庭に向かって煙を吐いた。

手に残った、冷たい器の感触。庭から差す光、網戸にくっついたカメムシ。冷たい古い木の床と線香の香り。青やピンクの光をまき散らしながらくるくると回る盆灯篭。

煙草を吸う大叔父の横顔。

時々、そういった細かなことまで、さっきあった出来事のようにふっと思い出が蘇る。

妹や従兄弟も大叔父から不思議な話を聞いていた筈なのだけれど、皆興味が無かったということもあって、当時のことはあまり覚えていないそうだ。


十年ほど前に、天誅倉《てんちゅうぐら》を見る為に龍神村を訪れたことがある。

天誅倉は、文久三年（一八六三）八月に尊皇倒幕の為に立ち上がった志士たち八名が幽閉された倉だ。

倉の柱には血書で、辞世の歌「皇国のためにぞつくすまごころは神や知るらん知る人ぞしる」と記した物が残っていると聞いていたので、期待していたが天誅倉の戸は閉まっていた。

近くの人に聞いてみたところ、倉は実は復元された物で、昭和三十九年（一九六四）の大雨で倒壊し流されてしまい、辞世の句の柱もオリジナルはどこにあるのかも分からないという。

ただ、その人は倒壊する前の倉にあったオリジナルを見たことがあると言い、血で書かれたとは思えない濃さの乱れのないしっかりとした字体だったそうだ。

「当時の人は何を為すにも心構えや覚悟が違うから」と言うその人に、ついでに枕返しという妖怪について知っているかと聞いてみた。

するると、聞いたことすらないという返事が来てガッカリしてしまった。

他にも龍神村で出会った人に聞いてみたところ「妖怪ですよね……なんか出るとか聞いたことが……」とか「民話の本か何かで見た記憶はあるように思います」と、ハッキリとしない返事ばかりだった。

ガッカリしてもう帰ろうかなと思った矢先に、一人のお婆さんが「そういえば昔、蟻の越えという難所の近くで木の根を枕にして寝ると、根っこから魂を吸う枕なんとかってお化けが出たって話を聞いたことがあります」と教えてくれた。

廃村に迷いこむ話――(和歌山各地)

和歌山県内には、山に廃村や廃墟が多く存在する。

今から三十年ほど前にタケシおじちゃんと二人で山に行き、古い日本昔話に出て来るような藁ぶき屋根の集落を見つけた。近くに煙草の畑があって、赤紫色の花がそこら中に咲いていた。

地面にキラキラ光る物があったので拾ってタケシおじちゃんに渡すと、それが柘榴石(ガーネット)だと分かった。

「他に何かええもんあるかなあ?」

「どやろうなあ」

「少しここの家の中を探検していい?」

そんなことを言って、タケシおじちゃんと一緒に家の中を覗き込んだ。中は意外と片付いていていて、埃っぽさも感じなかった。

壁際にあったスイッチを押すと電気も点いた。

「まだ通電しているみたいだし、つい最近まで誰か住んでたんかなあ」

「わからんよし。他人の物やから勝手に触ったらあかんよ」

そんな会話を交わしながら、小一時間くらいそこで過ごした。

近くに吊り橋がかかっていて、木の看板に地名らしき字が書いてあったが滲んでいて読むことは出来ず、ゴロゴロと遠雷が聞こえてきたので帰ることになった。


後日再び、タケシおじちゃんと大叔父、私の三人で同じ場所に向かった。

だが目的地にたどり着くことが出来ず、地図を見ながらおかしいなあ、おかしいなあ、この辺りの筈なんだけどなあと何度も首を傾げることになってしまった。

また別の日に、タケシおじちゃんと大叔父の二人だけで、目的地を目指したところ、吊り橋だけは見つかったものの廃屋は見当たらなかったそうだ。


和歌山には幾つも廃村となった家や学校、別荘地の跡が存在する。

吊り橋もそこら中にあるので、似たような場所を勘違いしたのでは？　と、晩御飯を皆で食べている時に祖母が言っていたが、大叔父もタケシおじちゃんも納得はしていないようだった。

二人が言うには、時々急に現れたり消えたりする廃墟が山の中に幾つもあって、この間見つけたのもそういった類の中の一つだろうというのだ。

実をいうと今回の取材でも、前に行った場所にあったものが消えている。前に来た時と山の中の建物の数が違って感じたことが何度かあった。

これは私の勘違いの可能性も高いのだけれど、不思議な体験談として載せておこうと思う。

夫婦《めおと》人魚——(みなべ町)

寛政年間の頃、田尾源五郎という豪商の一人息子に弥三郎という者がいた。彼が親類の家を訪ねた帰り、鹿島《かしま》の近くで貝を拾うお清《せい》という娘を一目見て、恋に落ちた。

以来、親の目を盗んで弥三郎はお清のところに通いはじめたが、互いの親が決して二人の交際を許さなかった。

思いつめた二人は、あの世で一緒になろうと誓い合い、互いの足を結んで海に飛び込んだ。

すると、神の島とも呼ばれる鹿島の神の霊力によるものなのか、二人の体は半身が魚となって手を取り合って、どこかへと泳いで行った。

そんな風にして人魚の夫婦となった二人が歳取って、鹿島近くの漁師の網にかかった。その姿を哀れに思った高僧が二人を木乃伊にして、箱に入れてとある神社で祀っていた。

こういう口上で、背中にアニメ『鬼滅の刃』の主人公・竈門《かまど》炭治郎《たんじろう》が鬼と化した妹・禰《ね》豆子《ずこ》を入れて、背負っていたような箱に入った、夫婦の人魚の木乃伊を見せて貰ったことがあると、みなべ町在住の今泉さんから聞いた。

修験者風の衣装を着た六十過ぎくらいの男性で、今から四十年程前のことだそうだ。

そして、人魚の夫婦の木乃伊の由来を述べた後、女の木乃伊の鱗は浮気封じ、男の木乃伊の鱗は恋守りになります。二つ買って、両方を砕いた物を用いれば縁切りになりますよと言って、他のお守りやお札と一緒に家族に買いませんかと勧めていたそうだ。

今泉さんの家族は誰も何も買わなかったそうだが、人魚の夫婦の木乃伊を背負ってそんな風に売り歩いていた人の話は他にも聞いたので、いつ頃何人くらい、そういった人が和歌山県内にいたのか気になっている。

人魚の木乃伊はそれぞれ二十～三十センチ程で、顔は鳥と猿の中間のようだったが、女の人魚だけは黒々とした長い髪があって、とても不気味だったそうだ。

布団を切る――（橋本市）

ある日、寺で大叔父が裁ちばさみで布団をザキザキと切っていた。

「何してるん？」

と聞くと、大叔父は布団を切り刻みながら、こんな話をしてくれた。

「このあいだ、道路の上で座って読経をする人に会ってね、顔や耳から血が噴き出ていたからハンカチをあげた。そして、どうかされましたかと聞いてから魔法瓶に入ったお茶を飲ませたら、お経を少しだけ代わってと言われてね、阿弥陀経でも良いですか？　って聞いたら構わないと言われて、何度か阿弥陀経を唱えたの。

その人はね、かつて合戦がその道路の辺りであったとかで、その霊を鎮めるために読経を何代もわたってされていると説明してくれて、力が足りないと押し負けて体から血が噴き出てしまうそうなんだよ。

その時わたしは、なあんにもなかったんだけどね、夜中に鼻血が出て止まらなくなってしまって、もう洗っても落ちなさそうだったから、捨てるために布団を切り裂いている」

大叔父はそう言っていたが、切られた布団の上に血の跡は見えなかった気がする。
私が部屋を出ると、いつも仏壇の前や、ご本尊の前で唱えているお経とは全く違う、聞き覚えのない経を唱える声が聞こえた。

こういう変わったことがあったと思い出して親戚に伝えると、うちの寺の周りには時々、除霊だとかなんだのを手伝って欲しいという、背負子をもった変な人が訪ねて来たり、陰陽師を自称する人が来たりしたことがあるので、さもありなんということだった。

虫喰岩——（古座川町）

私は暗い所や、ひと気の無い場所への取材も大抵一人で行っていて、特に怖いか嫌だとかと思ったことはない。でも、どこか一つ、取材先で嫌だった場所を挙げてと言われたら多分、ここを挙げるだろう。それは古座川町池野山地内にある虫喰岩《むしくいいわ》だ。

虫喰岩は国指定の天然記念物で、風雨に侵食されて、虫に喰われたような無数の穴が岩全体に開いている。

穴に糸を通して願掛けをすると、耳の病気が治るという言い伝えがあり、虫喰岩の穴は、小さな魔物がこの岩を東側から齧った跡だそうだ。

南紀熊野ジオパークのサイトの情報によると、虫喰岩は、流紋岩質火砕岩が風化し、虫喰状のタフォニ（風化穴）を形成したもので、風化の原因は表面から水が蒸発する過程で、石膏などの微結晶の成長によって岩盤表面が剥がれ落ちて形成されたのだという。

私は実をいうと小さな穴の集合体を恐れるトライポフォビアなので、ここの虫喰岩のことを思い出すだけで全身が痒くなり、頬や腕や足を掻きむしりたくなる。

岩という岩にびっしりと開いた無数の穴……。だから私はホットケーキを焼いている時にふつふつと浮かび上がってくる穴も苦手だし、蜂の巣や虫の複眼のアップ、蓮《はす》の実……どれもこれも思い出すのさえ嫌だ。

フェイスブックのＤＭからの投稿で、虫喰穴で写真を撮影すると、かなりの高確率で心霊写真が撮影出来るという情報を得たが、撮影するには虫喰岩まで行かねばならず、あの恐ろしい穴を見るのが嫌で行けなかった。

そもそもあれだけの穴がある場所なら、人間には三つの点が集まった図形を人の顔と見るようにプログラムされているという、脳の働きであるシミュラクラ現象も起こりやすいだろう。だから穴の何かを人の顔っぽいと錯覚する人がいて、心霊写真が撮影出来るという噂が出来上がったに違いない。そんな風に私は自分を納得させて、虫喰岩に行かない理由を作った。

だが、怪談というのは連鎖するもの……虫喰穴での心霊写真が撮影出来るという話を聞いてから二週間後に、虫喰岩で心霊写真のアルバムを拾ったという内容の怪談を聞いた。

その人は、虫喰岩に行った時に、分厚いアルバムが落ちているのに気が付いて拾い上げた。写真は大切な物だし、誰かの忘れ物であれば持ち主の情報があれば送り届けてあげたいと思い、パラパラとページをめくると、中に納まっていたのはどれもこれも心霊写真だった。

人の顔には赤や黄色や緑の光の帯がかかっていたり、窓ガラスには不気味な白い顔がくっきりと写っている。それだけでなく、手足や、肩より上が消えている人物の写真も何枚もあった。

「なんだこれ、いたずらか……？　どっきりで誰かこれを拾った俺を見ておもしろがってるのか？」

そんな風に、拾った人は思い辺りを見まわしたが、いるのは自分と同じような観光客だけで、そもそもこちらを注目しているような人物もいなかった。

気持ち悪いけれど、写真は写真。一応落とし物として警察署にでも届けるかと思って、車に戻り、カーナビに最寄の交番の住所を入れた。

その途端カーナビの画面が黄色くなり、ビーっと変な音がした。

それだけに留まらず、複数の子供がざわざわと集まって騒いでいるような、例えるなら朝礼で集まった子供が、囁くようなお喋りをしているのを壁越しに聞くような音が聞こえた。

最初はラジオからかと思い、止めてみたが声は聞こえ続け、車を止めて確認したところ、アルバムから声が聞こえていることに気づいて、怖くなって捨てたそうだ。

その後も別の人から心霊写真がぎっしり入ったアルバムが虫喰岩付近に落ちていて、しかも拾った人は一人や二人ではないという話を聞いた。

もうこれは諦めて行くしかないと覚悟し、後日虫喰岩に向かった。なるべく岩の方を見ないようにしてあちこち探したが、残念ながら心霊写真のどっさり入ったアルバムを見つけることは出来なかった。

つちのこ――（和歌山各地）

和歌山県内ではツチノコに纏わる話も多くあり、すさみ町では生け捕りにすると賞金として百万円と副賞にイノブタ一頭が贈られることになっている。

ニュース和歌山／二〇一八年九月二十二日の記事には、日高川町西原にある野槌《のづち》の滝に纏わる話が掲載されている。

昭和六十年（一九八五）に市内で、ツチノコを見た人がおり、胴体は太くて短く黄色味を帯びていて、山の上から転がって来たという。他にも、昭和六十三年（一九八八）に小学生が下校中に草むらからツチノコが飛び出て来て、リコーダーで叩いて撃退した話や、農作業中の男性が脱穀機の脇でツチノコが休んでいるのを見かけて、人を呼んで姿を再度確認しようとしたところ消えてしまっていた等、多くの目撃譚がある。

私が小学三年生の時も、夏休みに盆踊りの櫓付近がにわかに騒がしくなり、

「ツチノコだ、ツチノコ！　そっち行った！　逃げた！」

という声を聞き、大人も交えてツチノコの姿を探した経験がある。

日高川町には野槌大明神という、ツチノコを祀ったのではないかと言われている神社があることや、昔から目撃譚があることから、きっと今もどこかにいるに違いないと私は思っている。

かつえ坂――(熊野古道)

熊野古道の途中に「かつえ坂」と呼ばれる坂がある。

この辺りでかつえ（飢えて）亡くなる人がいたことや、ダリが出てよく人に憑いたことから坂にそういった名が付いたそうだ。

ダリはヒダル神の一種で、山道などを歩いている人間に空腹感をもたらす悪霊で、元は飢えで死んだ人間だそうだ。ダリに憑かれると猛烈な飢餓感と疲労を覚え、意識も朦朧《もうろう》となり一歩も動けなくなってしまう。ダリには経や呪文は全く効かず、退けるには握り飯一つでも一切れの漬物でもいいので、口にすることだ。

知り合いの妖怪に詳しいSさんによると、これは低血糖状態の症状で、もしかすると昔の人はその病名や原因を知らなかったが回避する方法を合理的に説明する為に「ダリ」を生み出したのではないか？　と言っていた。

低血糖とは血糖値が正常範囲以下にまで下がった状態のことを指すらしい。

低血糖状態の人は、初期症状として急な異常な空腹感を伴う、意識障害、手足の震えなどが現れる。症状が進むと、眠気、脱力、めまいに襲われ、やがて昏睡状態に陥り最悪の場合、死亡するケースもある。

だが、低血糖は最初に症状が起きた時に少量でも、糖(食料)を口にする等の適切な対処をすれば、回復するそうだ。

熊野古道の、長井坂付近では「水絶ち、食い絶ち」の願かけの日があったそうで、その時はよく夕方頃にはダリが憑いて動けなくなる人の姿が見られたそうだ。

他にも熊野には餓鬼《がき》穴《あな》という深い穴があり、そこを覗いた者はダリに憑かれてしまうことがあった。

南方熊楠も熊野の山中でダリに憑かれてしまい、意識がぼうっとして足が進まなくなってしまい、一度は仰向けに倒れてしまったが、幸いにも背に負った大きな植物採集用の胴乱が枕となったので、岩で頭を砕くのを免れたと記している。

竹内さんから聞いた怪談——(和歌山市・有田川町)

怪談作家の中山市朗さん主催のオールナイト怪談イベント「ダークナイト」で、ゲストとしてラジオ『誠のサイキック青年団』での活動や、映画『パーフェクトブルー』の原作者でもあり、幅広いジャンルで知られている竹内義和さんと出演した日のことだ。

イベントで、竹内さんは幾つか出身地の和歌山の怪談を披露した。

どれもとても不思議な内容で、印象に残ったので、この本に和歌山に纏わる怪談の取材をお願い出来ませんか？　と聞いたところ「別にいいですよ」と快諾していただいた。

取材を行った日は、例年よりも早く咲いた桜が、雨で打たれている様子が窓の外に映り、静かでお互いの声しか聞こえず、怪談にはうってつけな雰囲気の夜だった。

そんな春の夜に、竹内さんから聞いた怪談をこれから披露したいと思う。

◉市内手平のストーカー◉

これは、うちのおふくろの話です。おふくろって今、もう九十三かな？

そのおふくろが結婚したばかりだから、昭和二十七年ぐらいの頃です。

うちのおふくろって、文子《フミコ》っていうんだけど、若い頃は結構かわいらしい、綺麗な人やったんですよ。

いろいろと惚れられたりしたらしいんだけど、二十歳年上のうちのおやじと結婚しまして、その結婚にまつわるいろんな話もあるんだけど、今回はその話が関係ないので、置いとくとして……おふくろの新婚時代の話になります。

両親が一番最初に住んでいたのが、和歌山市内の手平《てびら》っていうとこです。

手平っていうのはJRの、当時、国鉄の和歌山駅から、タクシー乗ったとしたら十五分ぐらい。歩いたら一時間かちょっとかかるような場所なんですけども、田舎じゃないんですよ。

近くには小さいけど映画館もあるぐらいのとこでしたから。

工場地帯もあったし。長屋も幾つもありました。

その頃の長屋っていうのは、大体そうやったのかな……玄関の引き戸を開けると、土間があって、上がりがまちっていうか、ちょっと高いところに出張っている廊下や障子があって、それを開けると畳敷きがあるんです。

土間の奥に行くと台所がありまして、裏口がありました。

そこに、うちのおふくろが住んどって、おやじと結婚したんはいいんやけど、二十歳も年上の男の人と一緒になったってことで、ちょうど適当な一つ二つ年上の言い寄ってくる男が何人かいたらしいんです。

うちのおふくろ、長屋の近くで、うどん屋をやっていました。

で、店に来とったお客さんの一人が、おふくろに惚れてしまって、足しげく通うようになったんです。口説かれもしたんでしょうね。だけどね、おふくろは既婚者やから断っていたわけですよ。

でもって、その男の人……名前はＡさんにしておきます。

例えばうどんの材料を買うために、近くの市場みたいなところに行ったりとかすると、Ａさんと出会ってしまうんです。他にも用事で銀行やらに寄ってもＡさんがいる。

それって偶然を装って、尾《つ》けているかなんかですよね。おふくろも少し怖くなってきて、Ａさんどうにかならないかなって、思っていたんですよね。

そしたらある日、うちのおふくろが歩いていたら、前にＡさんがおったらしいんですよ。

工場の塀に沿って続く長い一本道でね、横にそれる道もなかったら、速足になると距離を詰めていくことになってしまうので、うちのおふくろはゆったり、ゆったり歩いたんです。

でも、Aさんはだんだん近づいて来たんです。それって変でしょ?

Aさんは前に進んでて、うちのおふくろはできるだけゆっくり歩いてんのに近づいてくるということは、向こう、後ずさりしているとかじゃないと説明がつかんわけです。

距離が縮まっていくのはなんでやろ、嫌やなあ、どうしたらええやろって、おふくろが困ってたらAさん、急にくるっと、おふくろの方を振り返ったらしいんですよ。

おふくろ、ビクってなって立ち止まってしまったんです。

Aさんはそこで真剣な顔でおふくろの顔をじーっと見て「どうしても駄目ですか。どうしても僕を受け入れてくれないんですか」って言ったらしいんです。

おふくろは、もうこれ、もうはっきり言わんとあかんとなって「私、どうしても駄目です」と伝えたんです。

「そうですか。分かりました」ってAさんあっさり答えたらしい。

そして、そっから立ち去っていったんだけど、少し離れた所に踏み切りがあって、汽車が丁度やって来るとこでね。

踏切でチンチンチンチンチンって鳴り始めて。遮断機が下りてきていたんですよ。

そこに、Aさん……おふくろが見ている前で線路に飛び込んだんです。

カンカンカン、チンチンカンカンカンカンって遮断機の音は鳴り続けていて、汽車がギギギギィーって急ブレーキかけて……。目の前で……。そんなことされたら誰だって相当心に衝撃というかダメージを負うでしょう。しばらくの間、その場で呆然と立ちつくしてしまったそうです。

そのショックの影響もあったけど、しばらく時間が経って、記憶も薄れ始めた頃に、長屋でおふくろが寝ていた日のことです。

夜にパチっと目が覚めて、ふと、Aさんの最期を思い出してしまったんです。あんなことがあったな……あれは怖かったな、見た時は心臓が本当に止まるかと思った……。

そんなことを考えながら、背中側におやじの寝息を感じて、寝返りを打った時です。

土間の側のところの障子の下だけ、半分ガラスで出来ていたんですよ。

そのガラスのところにね、ちょうど豆電気の灯りで土間のほうは真っ暗だから、うちのおふくろの顔がガラスにぼんやりと映っていたんです。

それをずっと見ていたら、うちのおふくろの顔の向こうから、別の顔みたいな影がすうーっと来て近づいてきて、あれは何やろうって見ていたら、それが段々はっきりしてきて、Aさんの顔やって分かったらしいんですよ。

「うわっ」っておふくろ、驚きのあまり体を布団から起こして震えていたら、うちのおやじが「どうしたんや」って電気を点けたんです。

電気を点けたら、ガラスの向こうが映って見えなくなるから、Aさんの顔も既にそこに無くってね。

で、ガラス障子も開けてみたけれど、やっぱり誰もいなかった。

玄関も確かめてみたけれど、しっかりと鍵がかかってた。

裏口も誰かが入ったような形跡もない。その時、おやじにAさんのことを言うべきかどうか悩んだんだけども、心に秘めておこうと思ったそうです。

子供の頃の僕には、とあることが切っ掛けで、結局話してくれたんですけどね。

◉有田郡姥ヶ滝の首吊男◉

これ、うちのおふくろの田舎なんですけども、田角《たずみ》という所なんですよ。田角というところがどういうところかというと、天王寺から、当時、国鉄で和歌山駅まで来て、そこで下車して、紀勢線に乗り換えて、紀勢線で藤並《ふじなみ》っていうところがあるんです。

藤並駅で下車して、歩いて一時間半くらいかな。そっから田角という在所です。正式には有田郡有田川町田角というやけどね。

そこがおふくろの田舎で、家が三十軒ほどで、百人ぐらいが住んでるようなとこですわ。僕はね、夏休みになったらおふくろと一緒に里帰りに毎年訪れていたんですよ。田角というところで何が一番楽しいかというと、田舎ですから虫捕りとか、魚捕りとかでね。夏に涼める場所では、姥ケ滝《うばがたき》っていうのがあるんです。

この姥ケ滝っていうのが結構有名なところで、山の中腹の鬱蒼とした森の中にあるんです。森の木々に囲まれた中には祠があって、その向こうに滝がありました。

大体五、六メートルぐらいの小さな滝なんですけどね。

昼間でも木々の間を細い光が差しているだけのうす暗い場所で、そこをクロアゲハみたいな蝶がふわーっと飛んでいったりとかして、なかなか幽玄なとこなんです。いつも夏に行くと他所より気温が低くてね、過ごしやすいし清涼な感じがするんです。

姥ケ滝っていうのは江戸時代とか、それぐらいかな。やっぱり農民は年貢を取られて苦労したんでしょうね。特に紀州は昔から年貢が重くって有名やったからね。でも食べていく蓄えがないと死んでしまうから、隠し田っていうのを見つけにくい場所にこさえてたんです。

でも役人も、隠し田があるんやないかと疑って検地にやって来るんですよ。ある時、滝の近くにいた老婆に「この辺りに田はないか」と役人がたずねたところ、きっぱりと「ありません」と答えたんです。

でもね、本当は滝の上流に、隠し田が広がっていたのですよ。

そこで老婆が役人と受け答えしている時に、滝の上から藁《わら》が一本流れ落ちて来てしまった。それを役人が見つけて、これは何だ。上で何かを作っとるのかっていう話になったときに、老婆はみんなの為に、役人に問いただされても口を割らなかった。

その結果、折檻されて殺されてしまった……。

本人もそうなんの、分かっとったやろうに。

それでも皆の田んぼを守ったということで、姥ケ滝って名前が付いたんですね。滝の側の祠《ほこら》は、その老婆を祀っているんです。

そういう言い伝えのある、姥ケ滝までうちのおふくろと行ったときに、何枚か写真撮ったんです。当時、今みたいに携帯ですぐ見るわけにいかないから写真館に出して、二週間、三週間かかって紙焼きの写真が出来上がるのを待つ必要があったんですよ。

出来上がった写真を取りに行って、家に帰ってからみんなで見ながら「これ、うまいこと写ってるやん」とかいろいろ言うてたときに、姥ケ滝に行く途中の、巨木の近くにあった鳥居の写真で手が止まったんです。

その写真は、おふくろが鳥居から出てくるところをバシャッと撮ったものでした。

鳥居の近くの大木の枝のとこから、男の人が顔出してるみたいに、写ってたんです。

男の人は白いワイシャツを着てる横顔でした。

僕はうちのおふくろに「これ、こんな変なん写ってるよ」って知らせたんですよ。

そしたら、おふくろが写真を手に取ってじーっと見たら、だんだん真っ青になっていったんです。そして、顔面蒼白になってね「え？　これってAさんやん」って。

「Aさんって誰?」

僕がおふくろに聞いたら、ますます青ざめてね。

「いや嘘や、なんでやの……昔、すごい付きまとわれて困った人がいて……」

なんか過去にただ事ではないことがあったんやろうと思って、質問を続けたんです。

「こんな山奥の滝のところまで、その人がつけて来たってことなん?」

「それはないわ……だって、この人はもう亡くなってんねん。私、ちゃんと目の前で亡くなってんの、見たから……」

「え? じゃあ何これ」

もう一度写真を見てみても、はっきり男の横顔が写ってるわけです。

その写真は結局、その男の人の顔のとこだけ切り抜いて、しばらく置いてましたわ。

当時、写真って貴重やったからね。

顔の部分だけを鋏《はさみ》でじゃきじゃき切ったのは僕でね、今も覚えてます。

その時に不思議だったのは、男の人の横顔にはっきりと首に縄が付いていたことなんです。だから切り抜かれた顔部分を見せて「この人、首に縄付いてんで。首つりで死んだんかって聞いたら?」「いやいや、そんなはずない。列車にね……」っていう話をそこで聞いたんです。

おふくろは辛そうな顔して、執念って怖いなって言ってましたね。

そこから何年かしたときですね。あることが分かったんですよ。Aさん、振り向いて鉄道のほうに行ったでしょ。行って、確かに飛び込んだらしいんですね。だけどその時、どういうわけか汽車に体が弾かれて飛んで、結果、助かったらしいんですよ。本当偶然でしょうね。パーンと弾かれて大怪我はしたけど助かった。しばらくは意識不明だったそうだけど、意識が戻った後、何か思い出した素振りを見せて、病院で首を吊って亡くなったそうなんですよ。

Aさんが何故そんなことをしたのか病院や遺族の方々はよく分かんなかったそうです。僕からしたら、うちのおふくろとのことで……と思ってしまうわけですが。

そういう話をたまたまAさんと関係があった人から聞いてね、それで首に縄が巻かれていたのかと思ったという、これはそんなお話です。

◉六十谷のシバスベリ◉

和歌山市に六十谷っていう場所があるんですよ。

昔は、〝墓所谷〟と書いて〝むそた〟と呼んでたんやけど、〝墓所〟の文字は縁起が悪そうやから、同じ音である〝六十《むそ》〟谷にしたらしい。

これは阪和線で和歌山市に近い、天王寺から来たら駅の手前の大阪に寄ったとこで、山が沢山あるんです。

うちのおやじが若い頃、その六十谷におったらしいんですよ。

おやじは明治生まれで、四十五歳のときに僕が生まれました。

今、僕がもう六十八になってるので、うちのおやじが生きてたら百十幾つっていうことになるんですけが、八十代で亡くなりましたね。

そのおやじが若い頃、当時、山の中っていうのは。時たま旅芸人が来て芝居するぐらいしか、いわゆる娯楽が本当になかったんですよ。

映画とか見ようと思っても、和歌山市内まで出向いていったりしないと映画館もないし、若い子が暇を持て余していたわけですね。

そんなだから、若いやつらが集まると怖い話をするんです。怖い話をして盛り上がって「うわあ、それほんまかいな」とか言いながら、酒を飲んだりするのが田舎の楽しみやったらしいんです。

これは、そういった怪談会でおやじが聞いた話です。

六十谷の山では、動物が人を化かすっていうような話が、結構、真面目に信じられていたんですよ。

うちのおやじが一番怖いのは「シバスベリ」という獣が化かすことだと言ってました。「シバスベリ」というのは、栗鼠《りす》を大きくした感じの、毛並みの長い尾のある小動物らしいんです。

それが時折、森の奥から町まで出てきて、人家に置いてある米を食べたり、農具に悪戯とかするらしいんですけども、そのシバスベリが一番、畏怖の存在として、みんなから一目置かれてた理由は、死んだ人に化けられたからなんです。

田舎の家というのは当時、電気も通ってない所が多くありました。

だから、蝋燭の火で生活をしているような所はね、夜中、厠に行く時に、燭台を持って足元を照らしながら行ったんです。ほら、当時の厠は母屋から離れた所にある小さな小屋みたいなもんでしたから。

そこ行く途中で、風が吹くと、炎が揺らめいてチラチラっと辺りが照らされる様子が怖かったらしいですね。

しかも板の間のところにちょっと穴を開けてて、そこを跨いで用を足すわけなんですが、ぎしぎしぎしぎし板が足を載せるとたわむんです。

そんな不気味な場所やったからか、ある人が夜中、自分の家の便所に行きまして、蝋燭を立てて戸を閉めて、用を済ませて、さあ出ようかなと思った時に、木の板を四角く繰り抜いたみたいな窓が開いてたから、そっちをふっと見たら、庭の方に誰かおるのが見えたんです。

誰やろうって、出てみたらヨシオさんという方が浴衣着て庭に立っていた。

月明りが照っていて、その夜は蝋燭の灯りなんかよりずっと眩しく庭を明るくしていて、顔がよう見えたんで「ヨシオさん、ヨシオさん」って声かけたんです。

真夜中やし、そのヨシオさんっていう方が自分の家のとこまで、庭まで来るはずがないっていうことは分かっていいんだけども、夢や幻には見えないしということで名前を呼んだそうなんです。

でも、呼んだ途端に、その人はちょっとぶるっと来たんですよ。肌が粟立つような寒気が走ったそうで。

庭に立っていたヨシオさんにしか見えない人は、ふっと振り向いて、にこっと笑ったらしいんですよ。

で、急に「キャキャキャキャキャキャキャキャキャキャキャッ」って小動物が鳴くような音を立てて、すーっと消えていったらしいんですよ。

要するに、シバスベリっていう小動物が死んだ人に化けられるけれど、その人の名前を呼ばれると正体を現して消えていくって言われていて、まさにその状態やったらしいんですね。

それとヨシオさん浴衣を着てた理由は、もうずっと長患いで入院していたからなんです。以前見舞いに行った時の姿を、写し取ったんやろうなということでしょうね。

この話はすぐに周りで広まって、話題になったんです。

そこでおやじと同じぐらいの年の二十歳前後のやつが何人か集まって「これはすごいな。ちょっと怖い話やな。この辺の出来事なんやろう?」とか言うて「そういえば、うちの親父とか、そういう話、聞いたことあるって言ってたな、それと同じような話」

「うちの爺さんも、わしはそんなん見たとか、シバスベリ見たとか言うてる話があるから、それ、結構、この辺では本当にそういうことがあるんちゃうか」っていう話をしてたんですって。


その怪談会に、日頃からおとなしい、名前、何ていうのかな。これ、名前は聞いてないんですけども、B君としときましょうか。

B君という、ちょっと日頃おとなしい子がおって、それがうんうんうなずきながら、その話を聞いてたときに、うちのおやじが、他の人は爺さんがそういう目におうたとか、親父さんがそういう体験したとか言うてんのに、このB君はずっと黙って頷いてるばっかりやから「B、おまえもなんか言えよ」って、B君の名前を言うたらしいんですよ。

その瞬間にBが「キャキャキャキャキャキャキャキャキャッ」って鳴き声を発してすぅーっと消えていった。

しかも、その消えていった瞬間に、いきなり顔面がぐにゅぅって歪んだみたいになって、口の方からじわっと血かモツみたいなもんが飛び出て、ぐーっと体が捻じれるようになって消えていったらしいんですよ。

「キャキャキャキャキャキャキャキャッ」って言いながらね。

それがもう凄い印象的やったっていうんです。


後で分かったことによると、そのB君っていうのは、実は、みんなで集まってシバスベリの話していた二日前に事故に巻き込まれて亡くなっていたんです。

その事故で、体が車と車の間で捻じれたみたいになって死んでいたんですよ。

これが、その「シバスベリ」という、六十谷で起こった話です。

◉市内杭ノ瀬の事故物件◉

これは昭和の、恐らく昭和二十五〜二十六年の頃の話です。

Cさんという当時、大体二十三歳ぐらいの会社員の男性がいました。その方が一つ年下のD子さんという女性と結婚するということになったんですけども、Cさんの親戚の方が、杭ノ瀬《くいのせ》というところにお屋敷っていうほどでもないんですが、ちょっと大きめの家を持っていました。

代々親戚の方がそこに住んでいたんですけど、ある事情があって、近くに引っ越して空き家になってたんですよ。

そこでCさんとD子さん、新婚ということで、空き家のままにしておくより、二人の新居にしたらどうだろうかって話が出たんです。

二人とも住まわせて貰えるなら大歓迎と伝えたのですが、まだ正式に結婚式を挙げてないのと、長らく空き家になっていたこともあって、すぐに移り住むことは出来なかったんですね。しばらくは時たま、その家に出向いていって掃除して準備を整えたりしてたんです。

例えば、日曜日にそこに行って、掃除して、二人揃って、その家を出て、それぞれの住み家に帰るみたいなことをしてたんですよ。

その日も二人して、家に行きまして掃除したんですけども、Cさんが「今日は仕事の都合もあるから、夜はここに泊まって、朝職場にはこの家から直で行くわ」ってことで、その家に泊まることになったんですね。

結婚式も挙げてないということで、世間体ということもあるので、D子さんは、「じゃあ私一人で帰ります」って家を出たんで、Cさんは一人で、夜に泊まることになりました。

その家というのは玄関から入ったら廊下があって、左手の方に居間、そして向こうに襖を開けて入っていくと寝室があって、納戸があるという、そういう造りやったらしいんですね。

Cさん昼間、掃除して疲れてたんでしょうね。布団に横になったら、すぐ寝てしまったんです。でもね、夜中の一時、二時ぐらいになった時に何かしら気配っていうか何かを感じて、ふっと目を開けたんです。

どうも廊下のほうで何か音がすると。

なんやろう？　不思議に思ってちょっと薄目を開けて耳を澄ましていたんです。

そしたら、玄関からの廊下の間をぴちゃ、ぴちゃ、ぴちゃ、ぴちゃって、ぬれ雑巾で廊下を叩くような音が聞こえたんです。

ぴちゃ、ぴちゃ、ぴちゃ、ぴちゃっと。

あれ？　掃除した時に、洗面所の蛇口をちゃんと締めたかな。

締め忘れて蛇口から水が漏れてるんやろうか。でも、音が一か所から聞こえてない。なんだか移動してる。

濡れた雑巾が廊下を叩くような音が、ずっと行ったり来たりしてた。

疲れとって眠たいのに、音が耳について寝られへんからだんだん腹が立ったんやけど、
苛立ちが恐怖にさっと変わったんです。

あれ？　こんなしつこく行ったり来たり誰がしてんねやろう。

最初は眠たかったから疑問に思えへんかったけど、考えたらおかしいやないか。

Cさんが上体を上げて起きた。そんで、部屋の傍らを見たら、テレビの前に花柄のワンピースの女性が座ってたんです。

「D子さん？」

自分の婚約者が戻って来てくれたんかと思って、声を掛けたらしいんですね。

そしたら、その花柄ワンピースの女性がふわっと消えていったらしんですよ。

ええ？　と思ってCさんは立ち上がって、ふっとテレビと逆の方向を見たら、そこに押し入れがあって、前に白いワイシャツと黒いズボンの男性が後ろ向きに立ってました。

それで、男性が手を伸ばして、押し入れから布団を取り出すような格好になったんです。

Cさん悲鳴を飲み込むというか、口の中で「えっ」て、ちょっと小さく叫んだらしいんですよ。そしたら、今度は男性の姿が消えた。

これ、もうただ事ではないということで障子を開けて廊下に出たら、水色のワンピースを着たおかっぱ頭の女性が立っていて、目にサングラスをかけてたっていうんですね。

誰やろう？　と思って、その女性をずっと見てたら、サングラスをかけた首だけが、すうーっと近づいてきたんですよ。

怖い！　助けてくれっ!!　と思って玄関に向きを変えて、逃げようとしたらね、丁度自分の肩口辺りに、その生首っていうか、それが来てるのが分かる。何故かっていうと、息遣いが耳たぶの辺りに掛かったから。

もう、あかん、見たらあかん、見たらあかん、見たらあかんと思いながら、玄関の方を見て、ずっと緊張したまま、後ろを絶対振り返ったらあかんと思いながら、同じ姿勢で立ちすくんでた。

どのくらい経ったのか、玄関のすりガラスから明かりが入って来たんです。

それと雀の声。

ああ朝や、朝日が昇って来てる。外で新聞配達の音もする。朝や、やっと朝が来たんや。そこでやっと体が動いて、玄関開けて外に飛び出して、這う這うの体で自分の住み家まで戻ったらしいんです。


翌日D子さんに会って、家の話をしたら、その話が巡り巡って親戚の耳にも入ることになりました。

親戚からしたら、今まで自分が住んでた家、せっかく新婚で、さあ住み家をどうしようという話をしてたから、厚意でここを使ってくれと言うたのに、ケチを付けられたみたいな感じになったんでしょうね。

親戚のおじさんがやってきて「おまえ、どういうことやねん」ってCさんを叱ったらしいんですよ。

「あそこは代々、うちらの親戚が住んでたとこで、変わったことは聞いてへん。お前の気のせいと違うか」って。

でもCさんは凄い事を体験したわけやから「いや、あそこ、でもなんかありますよ。本当に過去に何も無かったんですか?」と譲らない。

「そんな異様な話は聞いたことない。最後にあの家に住んでいたんは親戚の爺さんで、別に何も異変はあったとかは聞いてへん。ただ、爺さんがあの家から移ってから十年の間は空き家やった」

じゃあその十年間になんかあったんじゃないかということで、Cさんは調べましょうと提案したんだけど、親戚のおっさんはこう言うたんですよ。

「調べるとかそんな、今まで家でなんか事件があったわけでもないんやから。でも、おまえが、そこまで言うんやったら俺が一回、泊まってみたるわ」

ということで、親戚のおじさんは家で一晩過ごすことになりました。

で、翌朝おじさんがCさんのところに来て、腕時計を見せたらしいんですよ。

「これ、なんか分かるか」って言うから「どうしたんですか」って聞いたら、腕時計のベルト部分が引きちぎれていたんです。

「いやいや、C君、君の言うとおりやった。確かに花柄のワンピースの女の人がいて、押し入れの前に男の人がおって、廊下の奥にサングラスの女の人が立ってて、首だけがこっちに近づいて来た。だからC君、俺も君と同じように玄関を向いて、もうじーっと朝になれ、朝になれと思って立ってたときに、気が付いたら、すごく拳を握り締めてたんやろうね。それで時計のベルトがぶちっと切れて、このざまや」と。

「あそこはなんかあるかもしれん。これは調べてもらわんとあかんな」ということで、その話で二人そろって警察のところに行ったんです。

けったいやと思われたんやろうけど、警察がいろいろ事情を聴いてくれまして、念のためちょっと調べてみてくれたんです。

で、庭やら家を調べてくれてたら、警察犬がえらい吠える場所があったもんで、そこを掘ってみたら、白骨になった古い死体が三体出てきまして。

女性二人と男性一人の死体やったんです。

多分、そこに埋められてから、十年近くは経っていたんじゃないかというような話でしたね。

◉婚礼の夜◉

和歌山市内に新南《しんなん》という所がありまして、そこの大きな屋敷での、これは恐らく昭和のかかりぐらいの話だと思います。

呉服問屋のところに住み込みで働きはじめた、数えで十五、六の女の子がいました。

昔は行儀見習いも兼ねて、奉公に子供を出すのはよくある話でね。

当時はそれが当たり前といっても、田舎から出てきて屋敷で奉公するっていうのは大層不安だったんです。でも家に仕送りするためにも頑張ってやらなアカンでしょう。

主人が嫌なやつとか、息子や娘がいろんなことでイジメてきたりとかするような話も聞くし食事を抜かされたり、奉公人同士のいびりがあるところもありました。

でも、その子は運が良かったのか、呉服問屋の主人も、おかみさんも、すごく優しい人で、いつも気遣ってくれたそうです。犬みたいに奉公人を扱う悪い人も、たくさんおった時代にね、本当にわが娘のようにかわいがってくれたそうで。

もう一つ、その子が嬉しかったのが、息子さんがいたことでね、年齢は二十幾つとかだったそうなんですが、本当に大層優しゅうて、女の子からしたら自分にかっこいいお兄さんができたみたいな感じで、毎日が楽しかったらしいんですよ。

　ただ、なぜその子を奉公に呉服問屋のご主人が迎え入れたかというと、実は息子さんの婚礼が近づいてたからなんです。

　当時の婚礼っていうのは、今とは全く違ってね、家だけやなくって町の共同体の中でも重要なイベントなんです。

　そういうところって、親戚だけや無くって、近所の皆全員、それこそ百名以上婚礼の客として家に来るわけですよ。今みたいに結婚式場があって、料理もそこが用意してくれてっていうことじゃないから、準備もかなり大変だったんです。

　大きいお屋敷だったら、女中さんとか総動員でもうてんやわんやで、何日も前から計画を立てて、食材やお酒を仕入れて、婚礼に向けて料理をつくるわけですよね。男の親戚連中は手伝いもせえへんから、酒を飲んでわあわあ言いながら息子さん冷やかしたりとかして式を待つわけです。

　式に近づいてきたら戦争状態になるん分かってたから、そのために田舎出てきた女の子、Sさんにしときましょう。Sさんを奉公人として雇ったわけです。

　そうこうして式の当日になって、目が回るように忙しくて、奉公人は立って僅かな時間で飲み食いするしかない、座って休憩なんて一切出来なかった。そんくらい忙しいねんけど、自分の好きな兄のような、息子さんが結婚されるということと、嫁入りしてきた女の人が、綺麗でまた優しい人だったんですよ。だから、この人たちのために、ええ式にせなあかん。だから料理も細心の注意を払ってとびきり美味しくしようって、Sさん頑張れたんです。

当時は、そもそも台所は土間になってて、そこに釜とかがありました。当然、今みたいに電気釜とかはなくて、薪で調理していました。

だから火加減が物凄く難しい。煮炊きもちょっとの油断で焦げてしまったりするんです。

ご飯もお客が大人数だから釜でね、何度も分けて焚かなならんし、何を作るにしても火の前で付きっ切りでないと駄目だから、もう大変なんです。

都会やったらもっとコンロとか便利なもんあったかも知れませんが、当時の田舎はみんな殆どが薪でしたわ。煙も出るし、水も水道やなくて井戸から汲んでこないと使えない。

そんな風に、みんなして目まぐるしく働いて、式のあれこれ用意やらをしていてね、何十人も女の人が行ったり来たりしていたわけです。

Sさんが片時も手を止めずに額に汗して働いていると、広間のところの大きな柱に、寄りかかるように、若い女の人が一人ぽつんと立ってたんですよ。

Sさんは、それを見て、あれ？　こんなにみんな忙しいのに、あの人、さっきから働いてる感じせえへんな。どうしたんやと思うたそうです。

「なあなあ、あの人、立ってるだけでさぼってんで」って周りの人に言うわけにもいかず、そんなことを言う暇もない。料理が出来たら盛り付けの手伝い、膳も運ばないといけない。お酒の燗《かん》も見て、食べ終えた皿は直ぐに下げてっとやることが次から次へと出てくる。

でも、そのたびに、柱の陰に立っている、女の人が目の端に引っ掛かるわけですよ。

みんな忙しくしているのにあの人、なんなんやろ。なんでこんなにみんな猫の手も借りたいくらいやのに、どうして手伝わんのやろうと思いながらも、働き続けたそうです。

そんなこんなで、なんとか式も無事終わり、最後のお客さんも帰って行きました。

そしたらね、式の間中ずっと働いていた女の人だけが大広間に集まって、残った料理を集めて、ちょっと打ち上げをやろうってなことになったんです。

おかみさんもそこにやってきて「どうもお疲れさま。本当に、今日はよくやってくれて、皆さんのおかげでいい式になって、うちの息子も花嫁も喜んでました。もうあとは寝るだけやから、みんなここでご飯食べて、お酒も好きなだけ飲んで下さい」とねぎらいの言葉かけました。

Sさんを含む皆、にこにこ笑いながらね、、さっきの式の時の息子さんの話とか、きれいな花嫁さんの話をしながらご飯を食べ始めて、わいわい楽しくやり始めた。

そんな時におかみさんが「そうそう」とか言うて「うちの息子のあれ見てちょうだい」とか言うてアルバムを持って来たんです。

アルバムを開くと、息子さんの赤ちゃんの時から始まって、だんだん大きなっていく。中学になり、高等学校になりってなことで、働きに行って、店に戻ってきて跡を継ぐみたいなような、節目ごとの写真が出てくるわけですよ。

Sさんが他の人らと一緒にアルバムを覗き込みながら、「こんなんやったんや、息子さん」「かっこいいね、やっぱり」とか感想を言い合っていました。

でも、ある写真見たときに、Sさんの口から「あっ」って声が出た。

そして「この人や」って指を差しました。

おかみさんは「え？　何か見つけた？」って言ったら、Sさんと年の近い奉公の子がね、「あ、これ、ここに映ってる人。この人、みんなが忙しそうに働いてんのに、なんもせんと、ずっと柱の陰で突っ立ってた人や」と言いました。すると、女中頭の人もアルバムを覗き込んで「この女おったね、式の間中ずっと、私らの方をずっと見てただけの変な女やったね。間違いない、この人ですよ。写真のこの人」と言って写真の中の女性を指さした。

奥さんの顔がさっと青ざめて「あんた、ほんまにこの子やった？」って聞いた。

そしたら女中頭の人がね、「この人、忘れるわけない」と答えたんです。

「あれだけ腹立って、あの女だけは許せんと思ったから間違いないです。絶対にこの人です」

それを聞いた奥さんがね、くらくらっと眩暈《めまい》を起こしたようになって、ばたんとアルバムを閉じて「私、ちょっと休みます。皆さん、あとは適当に」って、すーっとどっか行ってしまったんです。

Sさんたちは「え？　私、なんか悪いこと言うた？」奥さんの様子がおかしくなったからと困惑しだした。そしたらちょっと離れた所に座っていた、親戚筋で手伝いに来ていたお婆さんがやって来て、

「その写真は……奥さん、全部あの人の写真は始末したはずやったのにねえ、なんで一枚だけ残ってたんやろう」

ってしみじみと言い始めたんです。

「どういうことですか」とSさんが聞いたら、こんな話をしてくれたそうです。

「実は、あの息子さんには、前、付き合っていた女性がいて、その方との結婚って話になったんだけども、やっぱり相手方の家とかいろいろ考えて、大旦那さんが絶対賛成できな

いってなったんです。そしてね、二人は無理やり別れさせられたんです。

そこから数年が経って、息子さんが新しいお嬢さんを連れて来て、こんどは家同士の、釣り合いも取れているし、反対する理由も無いからということで、婚約が成立したんです。

その噂をどっかからか聞いたんやろうね、別れた女性は白浜まで行って、三段壁から飛び込んで自殺したんや」

Sさん達はそれを聞いては「ええ?」って声を上げた。

で、その場にいた誰かがね、こんなこと言うたんです。

「柱の影に立ってたあの女の人、あたしはじーっと立ってて変やと思ってたんやけど、それだけやなかったわ。あの人な、髪の毛から足の先まで水でぐっしょりと濡れとった。暗がりにおったから、最初は気がつけへんかってんけどな、あたし文句言うたろ思って、近くに寄ったら、全身ぐっしょりで……でも、なんであの時はそんな姿見てもおかしいと思わんかったんやろ。どうして、同じ手伝いに来た奉公人と思い込んでしまったんやろう」

「あのな、息子さんの最初の交際相手が実はな、この家に奉公に来ていた人やったんや……」

皆がそれ聞いててシーンとなったときに、母屋のほうで悲鳴が聞こえて来た。

それも挙式をあげた息子さん夫婦の寝室の方からやった。

悲鳴を聞きつけて、大広間にいた女性たちがその場に駆け付けると、衣桁にかけた今日の式で着ていた花嫁衣裳の打掛から、ぼたぼたぼたぼたぼたぼたっと水滴が滴り落ちてた。花嫁さん、「耳元で女の人の『死んで』という声を聞いた……聞いた……」って言いながら濡れた打掛の前で震えていたそうです。

それから息子さんや奥さん達がどうなったかは、Sさんが奉公先から戻って来たので分かりません。

ただ、今さっき海から上がって来たように濡れて雫を滴らせる打掛と、その前で血の気がなく真っ青な顔で震えていた花嫁の姿と、横で目を見開いて恐ろしい物でも見てしまったかのような表情で固まっていた息子さんの姿が、あれから何十年も経った今も、忘れられないそうです。

あとがき

当時、和歌山に来るたびに、大阪とは違った世界に来たように感じていた。夜にふと思い出したように、大叔父が私に不思議な話を語ってくれたせいかもしれない。寺の庭にある井戸の脇にあった枇杷の木の下や、阿弥陀如来像が鎮座する板の間で聞いたのは、例えば、血膿みで苦しんでいた住職が、小僧に口で吸い出すように命じ、そのことによって血の味を覚えてしまい、坊主の生き血を吸う妖怪と化してしまった者がいただの、腕の肉を削いで飢えを救った尼僧がいて、彼女は仏に尽きることのない肉の再生を願い、叶えられたというような内容だった。

今思えば、大叔父の話は血と肉のにおいを感じるものが多かった。稚児《ちご》の血肉を啜る阿舎利の話「青頭巾」や、愛しき美少年・梅若丸の遺骨を引き取ると、それを首からかけて山野を彷徨った律師《りっし》桂海《けいかい》の物語――。

浄土真宗の宗徒なので肉食を禁じられてはいなかったのにもかかわらず、本人は菜食主義者だった。何を考えているのか分からない大叔父だったが、あまり同年代の子と馴染めなかった私のことを気にかけてくれたのか、色んな場所によく連れてってくれた。未だに趣味の一つとしている奇石探しも、昔あちこちの山や砂浜で石を見つけるコツを教えて貰ったからだ。映画、特に洋画が好きでお堂にスクリーンを張って子供を集めて上映会をしてくれたこともあった。

遠くから聞こえてきた盆踊りのテープの音と、夏風でたわんだスクリーン。溶けかけたアイスクリーム、みんなの声……あれを超える上映会は未だに私は体験したことがない。見たのは確か『スイミー』や『グーニーズ』『恐怖の報酬』等だった。

大叔父の話はどこまでが本当で、どこからか創作かよく分からず、あれは創作だろうと思い込んでいた話が事実だったりしたこともよくあった。

インターネットや過去の新聞記事で徹底的に調べ、人に聞いてみればどこからが真実だったかスパッと分かるのだろうけれど、私はそれはあえてしたくないと思っている。

理由は自分でも分からない。ただ、偶然でふっとあれは本当だったんだなと知る瞬間が好きだからかも知れない。

「紀州には色んな人でないものが揺らぐように棲んでいるから、良く分からないことが多いんだよ」

大叔父がお堂の中で伏目がちに言い、庭で捥《も》いできたルビーがぎっしり詰まったような、柘榴の実の粒を白い指で摘まんで食べていた。

あの時に感じた不思議な気持ちを誰かに伝えたいというのが、私が文章を書く力の元の一つとなっている。

そんな大叔父が鬼籍に入ってもう随分と経つし、私の前では呆れるほどよく話していたが、周りの人の間では無口で得体の知れない人という印象を持たれていたようだ。

「川に二人の子供が裸で浸かってて、危ないと水に入って助けようとしたら、消えてしまった。樒《しきみ》が二つ水の上に浮いていたから、あれは神様だったんだろうなあ」と、遠い目をして言っていたこともあった。

竜宮城が、兵庫の辺りにあってね、岩場の上に城が築かれていて、乙姫様から茶を飲ませて貰ったことがあるという話は、子供ながらに聞いていて嘘だと思ったが、随分後になってジオパークになっている場所にそういう所が本当にあって、乙姫に扮した女性が茶を配っていたことを知った。

小さな龍を籠に入れている老人が山にいて、譲ってほしいと何度も頼んでいたけれど先日水が悪かったのか死んでしまった。可哀そうだから、その龍を老人と一緒に滝に流しに行くのに付き添ったとか、そういう妙なことを言ってばかりだったが、言葉には全てが妄想だと言ってしまえない、真実味がどこかいつも含まれていた。

大叔父は、私のことなど完全にほっておいて、遠い遠い沖まで泳いでいってしまって、夕方頃にやっと戻って、人の少なくなった海の家で氷水を二人で食べて帰ったこともある。

「死んだら幽霊になって会いに来る?」と大叔父に昔聞いたことがあった。

「来ないよ」と大叔父は言って白く細く冷たい指で私の顔を撫ぜてくれた。

浄土真宗の宗徒ゆえに、幽霊の存在に否定的だったからかなと思ったが、その後に続いた答えは違った。

「あの世なんて行ったことないから、絶対楽しいに決まっているでしょう。だから、こっちに来る余裕なんてあるわけないだろう」

白い肌に浮いた赤い口でそう言い、愉快そうに笑っていた。

今頃、あちらで楽しくやっているだろうか。

梅林で、里山で、海辺で、そして山深い森の中で、聞いた話をあの時もっともっとちゃんと記しておけばよかったと今回、原稿を書いている間、何度も悔やむことになってしまった。

そんな私を見たら、大叔父は嗤《わら》うだろうか。

二〇二三年　田辺青蛙

撮影:田辺青蛙

◆参考文献

『高野山』松長有慶（岩波書店）
「紀の川水系河川整備計画」：国土交通省河川局
『読みがたり　和歌山のむかし話』和歌山県小学校教育研究会国語部会／編（日本標準）
『SHIMADAS』公財日本離島センター
「歴史読本　臨時増刊　異界の日本史鬼・天狗の謎」新人物往来社
「切目川沿いの民族信仰」印南町・印南町観光協会
『熊野の集落と地名　紀南地域の人文環境』桑原康宏（清文堂出版）
「調べてみよう　紀の川とくらし」国土交通省近畿地方整備局　和歌山河川国道事務所
「滝川貞蔵遺稿　熊野・太地の伝承」滝川貞蔵／著、沢村経夫・田代均／共編（工作舎）
「昔話伝説研究会第二号」大谷女子大学説話文学研究会
『日本歴史地名大系31　和歌山県の地名』平凡社
『紀のみちすがら』梅田恵以子（和歌山文学会）

「郷土趣味 通巻17号」
「郷土研究 7巻5号」
「近畿民俗 通巻58号」
「民間伝承 44巻3号」
『中辺路の民話』宇江敏勝／監修（中辺路町教育委員会）
『南紀小川の民俗 昭和40年度調査報告』金子厚ほか／編（東洋大学民俗研究会）
土の鈴　十三巻「巨樹の翁」
「猿の尻ギンガリコ　和歌山ふしぎ旅」ギンガリコ語り部の会　1981年
『世界遺産年報2002』平凡社
『世界遺産 紀伊山地の霊場と参詣道』世界遺産登録推進三県協議会
『きのくに民話叢書（1～7）』和歌山県民話の会
『紀伊続風土記』
『紀州の民話　日本の民話56』徳山静子／編（未来社）
「紀州・美濃の伝承」吉田傳三郎

「紀の川のむかしむかし」紀の川民話の会
『紀州日高地方の民話』中津芳太郎／編（御坊文化財研究会）
『和歌山市の民話　資料集・上巻』和歌山市市長公室市民文化の課
『とんまつり　ＪＡＰＡＮ』みうらじゅん（集英社）
『伝説の熊野』那須晴次（郷土研究会）
「熊楠ワークス　９号」南方熊楠顕彰会
『紀伊半島の昔話』稲田浩二／監修（日本放送出版協会）
『谷崎潤一郎全集　第十三巻』谷崎潤一郎（中央公論社）
『紀州　民話の旅』和歌山県
『那智勝浦町史　史料編２』那智勝浦町史編纂委員会
『和歌山縣災害史』和歌山県
『目で見る新宮・熊野の１００年』笠原正夫／監修（郷土出版社）
「西日本水害に関する世論調査」内閣府政府広報室
「昭和28年水害」西日本新聞

『見世物大博覧展』国立民族学博物館
「幻の野田城を探る」渡辺武『大阪春秋』第24巻第3号
『一向一揆と石山合戦　戦争の日本史14』神田千里（吉川弘文館）
『戦国三好一族 天下に号令した戦国大名』今谷明（洋泉社）
『和歌山の伝説』和歌山県小学校教育研究会国語部会／編（日本標準）
『伊都の伝説』伊都地方国語教育研究会／編（日本標準）
『むかし紀ノ國物語』荊木淳己／編著（宇治書店）
『高野山昔ばなし』高野山新報社／編（総本山金剛峰寺）
『熊野・本宮の民話　きのくに民話叢書1』和歌山県民話の会
「すさみ町の伝承」和歌山すさみ伝承会
きのくに仮面の世界https://www.hakubutu.wakayama-c.ed.jp/kamen2005/kamen.htm
『みなべの民話伝説集』平井正男ほか／編（南部町教育委員会）
『南部町史　通史編第3巻』南部町史編さん委員会／編（南部町）

『角川日本地名大辞典30　和歌山県』角川日本地名大辞典編纂委員会／編（角川学芸出版）
『徐福―弥生の虹桟』羅其湘・飯野孝宥（東京書籍）
『今昔・熊野の百景』久保昌雄・久保広晃／撮影、熊野文化企画／編（はる書房）
『熊野まんだら街道』神坂次郎（新潮社）
南部川村戦後五十年史下巻
『南方熊楠コレクション〈第2巻〉南方民俗学』南方熊楠／著、中沢新一／責任編集・解題（河出書房新社）
高野山よもやま記／戸谷新右衛門https://www.reihokan.or.jp/yomoyama/index.html
http://blog.tuad.ac.jp/gakugeiin/wp-content/uploads/2013/02/1390586026.pdf

★読者アンケートのお願い

本書のご感想をお寄せください。
アンケートをお寄せいただきました方から抽選で
10名様に図書カードを差し上げます。
（締切：2023年6月30日まで）

応募フォームはこちら

紀州怪談

2023年6月5日　初版第1刷発行

著者……………………………………田辺青蛙
デザイン・DTP ……………………………延澤 武
企画・編集 ……………………………Studio DARA

発行人……………………………………後藤明信
発行所……………………………………株式会社 竹書房
〒102-0075　東京都千代田区三番町８－１　三番町東急ビル６F
email：info@takeshobo.co.jp
http://www.takeshobo.co.jp
印刷所……………………………………中央精版印刷株式会社